»Der Tote im Dorfteich« im Unterricht

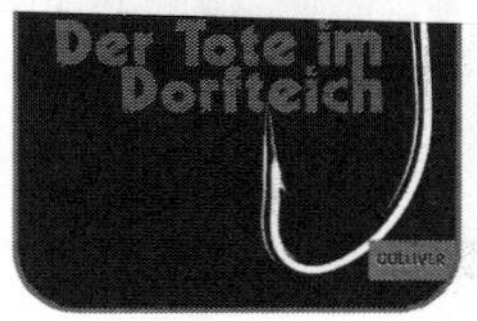

INHALTSANGABE

u.1

Ein rätselhafter Kriminalfall in einem Dorf, drei glaubwürdige jugendliche Hauptfiguren und die höchst spannende Aufdeckung des Verbrechens – das sind die Zutaten zu Franziska Gehms Jugendroman »Der Tote im Dorfteich«.

Der 16-jährige Jannek besucht in den Herbstferien seine Großmutter Hanne, die wegen des Todes ihres Mannes mittlerweile alleine auf einem Bauernhof in dem Dorf Ribberow lebt. Sie ist Janneks nächste Familienangehörige. Seinen Vater kennt Jannek nicht. Janneks Mutter, die alleinerziehend ist, kann berufsbedingt leider nicht zu Hanne mitkommen, obwohl sie sich große Sorgen um diese macht. Für Jannek und seine Mutter ist Hanne eine etwas schrullige alte Frau, die sich damit schwertut, menschliche Wärme zu zeigen, auch gegenüber ihrer Tochter und ihrem Enkelsohn.

Am Ortseingang trifft Jannek einen Freund aus seiner Kindheit – den 21-jährigen Till Hempel, der mittlerweile zum Polizisten ausgebildet ist. Beide Jungen freuen sich über das Wiedersehen und gehen am gleichen Abend zum Angeln an den kleinen Dorfteich von Ribberow. Das Wasser dort steht aufgrund der Sommerhitze sehr niedrig. Während ihre Angeln im Teich hängen, erzählen sie sich beide, was in den letzten Jahren in ihrem Leben alles passiert ist. Beim Einholen der Angel merkt Jannek, dass irgendetwas an seinem Angelhaken hängt. Er zieht kräftig daran und bemerkt voller Panik, dass es eine menschliche Hand ist. Till und Jannek schauen genauer nach und entdecken im Wasser ein Skelett. Es sieht so aus, als ob dieses Skelett auf einer Art Pflug sitzt, der auf dem Teichgrund liegt.

Aufgebracht berichtet Jannek seiner Großmutter von seinem Fund. Diese scheint aber, genauso wie der Rest des Dorfes, wenig daran interessiert zu sein. Nur die 16-jährige Rike, die auf einem Hof außerhalb des Dorfes wohnt und eine sehr selbstbewusste junge Frau ist, ist da eine Ausnahme. Sie wohnt mit ihrem Vater Robert Steinmann zusammen, einem Künstler, der im Dorf als »Waldeinstein« verschrien ist.

Die Polizei findet durch umfangreiche Ermittlungen heraus, dass der verweste Mensch, den Jannek und Till im Dorfteich gefunden haben, offenbar auf dem Pflug festgebunden wurde, bevor der schwere Pflug im Teich unterging. Mithilfe einer DNA-Untersuchung kann auch die Identität des Toten bestimmt werden. Der Verstorbene heißt Frank Schelk. Er kommt ursprünglich aus dem Nachbarort von Ribberow, Großkumerow, und war zum Todeszeitpunkt ungefähr 40 Jahre alt. Seit vermutlich fünf Jahren liegt seine Leiche im Dorfteich.

Abends ruft Jannek seine Mutter an und berichtet ihr von den aufsehenerregenden Vorgängen in Ribberow. Sie atmet schwer und erzählt Jannek, dass sie Schelk kannte. Jannek spürt, dass sie die Neuigkeiten mitnehmen. Jannek und Till erfahren, dass Schelk, den kaum jemand im Dorf mochte und vermisste, in den letzten Jahren offenbar in Berlin lebte und in dubiosen Kreisen verkehrte.

Till, der als Polizeimeister Zugang zu den Ermittlungsunterlagen hat, nutzt diese, um gemeinsam mit Jannek mehrere Theorien zum Mord an Frank Schelk zu entwickeln. Eine Theorie dreht sich um Schelks mögliche Verstrickung in Machenschaften der LPG nach dem Ende der DDR. Darüber hinaus vermuten viele Dorfbewohner Robert Steinmann als Täter. Auch diese Theorie müssen Till und Jannek prüfen.

Als Till dann in der alten Scheune seiner Oma den anderen Teil des Pfluges aus dem Weiher findet, steht für die beiden fest: Schelks Tod hat seine Ursache in Ribberow. Als sich dann das gesamte Dorf beim Dorffest versammelt, drängen Rike, Jannek und Till die Verantwortlichen, Farbe zu bekennen. Die drei erfahren, dass nahezu das gesamte Dorf die Wahrheit kennt. Und Jannek erfährt auf diesem Wege auch, wer sein Vater ist.

DIDAKTISCHES PROFIL DES ROMANS

Das didaktische Potenzial einer Klassenlektüre wird bestimmt aus der Verbindung von Aspekten, die den Schülerinnen und Schülern bekannt bzw. vertraut sind, sowie Aspekten, die ihnen neu sind. Vertraute, assimilative, Textaspekte führen dazu, dass den Schülerinnen und Schülern ein Verstehensweg zur Textvorlage ermöglicht wird. Hierin liegt das lesefördernde Potenzial eines Textes. Weitere, akkommodative, Anforderungen sind eher im Bereich des literarischen Lernens zu finden.

Zusammenfassend kann man diese assimilativen und akkommodativen Textaspekte zum vorliegenden Jugendroman »Der Tote im Dorfteich« folgendermaßen aufschlüsseln:

Dimension des Textes	Das Vertraute: Möglichkeit zur Assimilation (Leseförderung)	Das Neue: Notwendigkeit zur Akkommodation (literarisches Lernen)
Wirklichkeitsbezug	▶ Plot mit Realitätsbezug, Bezug zur Alltagswirklichkeit von Jugendlichen	▶ Fiktionale Geschichte (mit realer Grundidee)
Thematik	▶ Kriminalfall ▶ Dorfgemeinschaft ▶ Freundschaft ▶ Liebe ▶ Familie	▶ »Dorfleben« ▶ Individuelle Verantwortung ▶ Schuld ▶ Deutsche Demokratische Republik/ Wendezeit ▶ Suche nach eigener Identität ▶ Psychische Erschütterungen von Individuen und Gesellschaften
Figuren	▶ Positive Identifikationsmöglichkeiten mit den Hauptfiguren Jannek, Till, Rike ▶ Auseinandersetzung mit Individualität und Geschlechterrollen	▶ Positive Identifikation mit Nebenfiguren (z.B. Robert Steinmann) ▶ Negative Identifikation mit Nebenfiguren (z.B. Schelk, Herr Hempel) ▶ Ambivalente Identifikation (v.a. Hanne)
Sprache/Stil	▶ Dialoge ▶ Alltagssprache ▶ Handlungsorientierung	▶ Spannungsaspekte ▶ Intertextuelle Bezüge ▶ Verwendung unterschiedlicher Stilmittel (Vergleiche, Metaphern, Symbole ...)
Literarische Formelemente/ Erzählkonzept	▶ Einheit von Ort, Zeit und Handlung ▶ Linearer Erzählfluss ▶ Personales Erzählverhalten	▶ Rückblenden ▶ Prolepsen ▶ Kapitel ohne Überschriften ▶ Auktoriale Texteinschübe

Die Übersicht (siehe S. 2) verdeutlicht die Kombination aus assimilativen und akkommodativen Aspekten des Romans. Besonders passend ist der Einsatz des Buchs als Klassenlektüre in den Klassenstufen 8 bis 10. Je nach Zielgruppe ist der Einsatz natürlich auch in anderen Lerngruppen, zum Beispiel in Berufsschulklassen, denkbar. Fächerübergreifende Bezüge z.B. zu Geografie, Gemeinschaftskunde, Politik, Ethik, Religion oder auch Biologie können hergestellt werden und die Unterrichtseinheit zu »Der Tote im Dorfteich« ergänzen.

LITERARISCHES PROFIL DES ROMANS

U.3

Themen und Motive

In Franziska Gehms Jugendroman werden zahlreiche thematische Stränge kunstvoll verwebt. Das Buch handelt von einem *Verbrechen*, einem Mordfall und gehört damit zur Kriminalliteratur. Obwohl am Anfang der Geschichte auch ein Unglücksfall denkbar ist, steht ziemlich bald fest, dass Frank Schelk mutwillig zu Tode gekommen ist und im Dorfteich versenkt wurde. Die Aufdeckung dieses Verbrechens leisten letztlich drei Personen: Jannek, Till und Rike. Zwei von ihnen sind in jugendlichem Alter, Till ist erwachsen und ausgebildeter Polizeimeister, weshalb er Zugang zu polizeilichen Ermittlungen hat. Alle drei Kriminalisten haben darüber hinaus einen ganz eigenen Bezug zur Tat: Tills Vater war damals maßgeblich an der Tat und der Strategie, sie zu verdecken, beteiligt. Rikes Mutter war einer der Auslöser des Mordes, weil Schelk sie im Dorfkrug stark bedrängt hat. Janneks Großeltern waren Zuschauer bei der Tat und wissen, genauso wie Jannek selbst am Ende des Romans, dass Frank Schelk sein Vater war.

Andererseits handelt der Roman von der *Freundschaft* der drei Hauptfiguren. Obwohl sich Till und Jannek schon lange nicht mehr gesehen haben, knüpfen sie relativ umstandslos an ihre Kinderfreundschaft an. Dass eine Liebe auch misslingen kann, zeigt die Beziehung zwischen Till und Rike. Rike und Jannek schließlich freunden sich während der einen Woche Herbstferien an und am Ende des Buchs ist denkbar, dass aus dieser Freundschaft eine Liebesbeziehung wird.

Parallel dazu entwickelt Franziska Gehm eine außergewöhnliche Darstellung des Lebens in der *Dorfgemeinschaft*. Einerseits werden die Dorfbewohner, die sich gegenseitig helfen, ihre Traditionen und Strukturen haben, beschrieben; andererseits verdeutlicht das Buch auch, wie schwierig es sein kann, als Zugezogener oder als jemand, der nicht in das »Schema« der anderen Dorfbewohner passt, Fuß zu fassen. Robert Steinmann bleibt der Außenseiter und auch Rike als seine Tochter erbt quasi dieses Image. Dass der Zusammenhalt im Dorf letztlich dazu führt, dass über fünf Jahre ein Mord vertuscht wird, lässt die Leser:innen einen kritischen Blick auf das Dorfleben werfen.

An zahlreichen Stellen des Romans werden außerdem Bezüge zur damaligen *DDR* deutlich. Die Zeit vor der Wende wird zum Teil abschätzig erwähnt, wichtig ist vor allem die für viele Dorfbauern ungerechte Abwicklung der früheren LPGs, bei der das Mordopfer Frank Schelk involviert war. Hier legt Franziska Gehm eine Fährte mit einem möglichen Mordmotiv, die am Ende zwar bei der Wut der Dorfbewohner auf Schelk eine Rolle spielt, aber letztlich nicht tatentscheidend ist.

Auch das Thema *Familie* spielt in »Der Tote im Dorfteich« eine bedeutsame Rolle. Die dargestellten Familienstrukturen sind fast durchweg brüchig: Bei Familie Hempel wird offenbart, dass die Eltern- bzw. Großelterngeneration von einem Mord weiß und dies vor der Kindergeneration verheimlichen will. Dies trifft auf Tills und auch auf Janneks Familie zu. Bei Jannek kommt hinzu, dass seine Mutter ja Janneks Vater kennt, aber nicht die Kraft hat, ihrem Sohn die Wahrheit zu sagen. Nur die Person, die quasi außerhalb der Dorfgemeinschaft lebt, Robert Steinmann, ist schuldlos und vertuscht nichts.

Erzählkonzept

Schauplatz des Romans ist ein fiktives ostdeutsches Dorf namens Ribberow mit seinen Häusern, Straßen und Plätzen sowie dem Dorfweiher. Die Handlung wird in insgesamt vierzehn Kapiteln erzählt, die keine Überschrift haben. Der Roman ist durchgängig im Präteritum verfasst. Der auktoriale Erzähler entfaltet die Handlung mit der Hauptfigur Jannek, der schrittweise das Dorf und die Mordtat aufdeckt.

Äußere Handlung, Dialoge und Janneks Reflexionen zum Erkenntnisstand wechseln sich im Roman ab.

Der Roman schildert im Kern den Zeitraum von einer Woche Herbstferien. Am ersten Tag der Herbstferien kommt Jannek mit Zug und Bus nach Ribberow, am letzten Tag verlässt er Ribberow wieder. Auch die letzte Szene spielt im Zug. Daher liegt hier der erzählerische Kunstgriff des Ringschlusses vor. In einigen Kapiteln werden Geschehnisse aufgegriffen, die vor der eigentlichen Handlung passiert sind (z. B. die Schulzeit von Schelk oder die Auflösung der LPGs in der Wendezeit).

Sprache

Der Roman ist größtenteils in altersgemäßer Sprache und parataktischem bzw. begrenzt hypotaktischem Satzbau verfasst. Zahlreiche Dialoge ermöglichen, dass die Textmenge auch von jüngeren bzw. ungeübten Leserinnen und Lesern bewältigt werden kann. Die Textversion in einfacher Sprache bietet leseschwächeren Leserinnen und Lesern, den Inhalt des Romans zu erfassen. Die hier folgenden Textverweise beziehen sich auf die Originalfassung.

Immer wieder lässt Franziska Gehm jugendsprachliche Ausdrücke und Flüche einfließen (z. B. »Mädel-Megastore«, S. 21). Darüber hinaus gibt es einige dialektal gefärbte Zitate der Dorfbewohner, z. B. »Wollt ihr och watt trinken?« (S. 111)

Mehrere witzige bzw. komische Textstellen bilden einen angenehmen Kontrast zur Grausamkeit des Verbrechens, das aufgedeckt wird, z. B. als Till die anderen Mädchen seiner Ausbildung schildert (S. 21) oder der zahnlose Alte am Ende von Kapitel 12 auch aufsteht (S. 151).

Spannungsbögen des Romans

Die Spannung des Romans speist sich für die Leser:innen vor allem aus zwei Fragen: Zum einen, wie Schelk zu Tode gekommen ist und wer der Täter ist. Zum anderen will man wissen, was aus der Freundschaft zwischen Jannek, Till und Rike wird. Beide Spannungsbögen werden am Ende kunstvoll zu einem Abschluss gebracht: Die drei Hauptfiguren bringen das ganze Dorf dazu, die Wahrheit zu sagen und sich seiner Verantwortung zu stellen. Zudem ist es wahrscheinlich, dass Rike und Jannek sich in Zukunft öfter sehen und aus ihrer Freundschaft mehr werden kann.

Spannungshöhepunkte sind Janneks Fund der Menschenhand beim Angeln und des Pflugteils in Hannes Scheune, die sperrigen Dialoge zwischen Jannek und Hanne, die Recherchearbeit in der Schule und der Bibliothek sowie die Aufdeckung der Tat beim Dorffest.

Vergleiche, Metaphern und weitere Stilmittel

Franziska Gehm operiert in ihrem Roman mit zahlreichen sprachlichen Bildern und weiteren Stilmitteln, die das Lesevergnügen erhöhen und zusätzliche Bedeutungsschichten erschließen lassen.

Vergleiche sind beispielsweise:

- »wie auf einem Thron« (S. 7)
- »Sein Bauch sah aus wie der Panzer einer Riesenschildkröte.« (S. 16)
- »Jannek kam es so vor, als drückte etwas auf seine Kehle.« (S. 22)
- »Seine Beine kamen ihm vor wie ferngesteuert.« (S. 23)
- »[...] doch er war wie gelähmt.« (S. 26)
- »Er saß wie auf einem Stuhl in der Dunkelheit.« (S. 29)
- »Rike musterte ihn wie ein Raubvogel.« (S. 41)
- »[...] wie bei einer Zeremonie.« (S. 45)
- »[...] wie eine vierspurige Autobahn.« (s. 62)

Metaphorische Sprachbilder sind z. B.:

- »Sie nahm ihm die Stimme.« (S. 51)
- »Seine kleinen Augen funkelten im Garagenlicht.« (S. 64)
- »Wir machen morgen eine kleine Exkursion in Schelks Vergangenheit.« (S. 89)
- »Tills Wangen wurden sofort kirschrot.« (S. 124)
- »Ihr Körper war eiskalt [...]« (S. 128)
- »Und bei so was wird Dietmar zum spanischen Kampfstier.« (S. 138)

Personifikationen finden sich unter anderem hier:

- »Das alte Backsteinhaus war in Dunkelheit und Schweigen gehüllt.« (S. 31)
- »Die Dämmerung lag über dem Dorf.« (S. 146)

Gehm baut auch, besonders bei dramatischen Stellen, einige *Ellipsen* ein:

- »Machtlos. Klein.« (S. 22)
- »Ermordet.« (S. 148)

Intertextuelle Bezüge gibt es zu der »Sherlock Holmes«-Reihe (S. 87).

Mehre Textaspekte lassen sich *symbolisch* deuten:

- Der blutverschmierte Küchentisch (S. 11) verdeutlicht, dass es bald schon grausam werden kann und dass möglicherweise Hanne selbst in die Tat verwickelt sein könnte.
- Dass Jannek nur mit einem Bein auf dem Bordstein geht, stellt nicht nur Bezüge zu seiner früheren Identität als Kind im Dorf her, sondern kann auch vermitteln, dass von seinen zwei Elternteilen einer unbekannt ist und er sich dadurch unvollständig empfindet.
- Die aufsteigende Blase im Weiher (S. 23) verdeutlicht Jannek, dass die Wahrheit ans Licht gekommen ist.
- Das kalte Graublau am Weiher symbolisiert den Tod. (S. 25)
- Die Hollywoodschaukel (S. 50), die Jannek in der Scheune von Hanne findet, steht für die unbeschwerte Kindheit und das Familienglück.
- Die Nymphe in Robert Steinmanns Figurengarten (S. 74) wendet sich von Ribberow ab. Dies verdeutlicht den Außenseiterstatus von Rikes Familie.
- Tills Autoreifen (S. 79) drehen nach dem Streit mit Jannek aus Eifersucht ebenso durch wie sein Gefühlsleben.
- Die einzelne blaue, zerzauste Wolke am Himmel (S. 105) könnte für Janneks Gemütszustand stehen.
- Die schwarze Plane, unter der das Pflugteil in Hannes Scheune verborgen ist (S. 142), symbolisiert den Tod, genauso wie die schwarze Katze (S. 146).
- Die Pfütze im Teich nach dem Regen (S. 163) zeigt, dass der Normalzustand im Dorf wieder hergestellt werden kann und wieder Frieden einziehen darf.
- Dass die Tat auch noch weitere Generationen der Dorfgemeinschaft prägen wird, zeigt Hannes Ausspruch: »Manchmal denke ich, Schelk hat uns alle noch an der Angel.« (S. 166)
- Der Streit um den Ball in Janneks Traum (S. 171) symbolisiert die schwierige Dreiecksbeziehung.

»DER TOTE IM DORFTEICH« IN EINFACHER SPRACHE

Für den Unterricht in heterogenen Klassen bieten wir parallel zur Originalfassung von Franziska Gehm die Übertragung in Einfacher Sprache von Yvette Wagner an. Einfache Sprache meint eine sprachlich vereinfachte Version der Standardsprache auf dem B1-Niveau. Dabei stehen die gute Lesbarkeit und Verständlichkeit der Wörter und Sätze im Mittelpunkt. Die Sätze sind möglichst kurz gehalten, schwer lesbare Wörter oder Fachwörter wurden ersetzt. Bei einzelnen Wörtern, z. B. »Wald-Einstein« oder »Bio-Bauernhof«, wurde ein Bindestrich in die Wortmitte gesetzt. Am Textende gibt es ein Glossar, textchronologisch geordnet, mit jenen Fachwörtern aus dem Text, die nicht vorausgesetzt werden können.

Die Textmenge der Textfassung in Einfacher Sprache liegt bei ungefähr 40 Prozent der Originalfassung. Dies führt dazu, dass der Schwerpunkt der vereinfachten Textfassung auf der äußeren Handlung und den wichtigsten Aspekten der inneren Handlung liegt.

Die Textfassung in Einfacher Sprache ist vor allem für jene leseungeübten Leser:innen zu empfehlen, die mit der Originalfassung überfordert wären. Das sind tendenziell Schüler:innen, die auf dem grundlegenden Lernniveau lernen oder in Deutsch zieldifferent unterrichtet werden. Hilfreich ist die Textfassung in Einfacher Sprache auch für Schüler:innen, die Deutsch nicht als Muttersprache haben oder noch nicht lange in Deutschland leben. All jene Schüler:innen erhalten durch die Textfassung in Einfacher Sprache die Möglichkeit, ein Buch zu lesen, inhaltlich zu erfassen und in einen Austausch mit den Mitschüler:innen über den Text zu treten.

In welcher Weise die Lehrerin bzw. der Lehrer mit den beiden Textfassungen im Unterricht umgeht, lässt sich pauschal nicht entscheiden, sondern ist abhängig von den spezifischen Lernvoraussetzungen der Schüler:innen. Die Kopiervorlagen dieses Heftes sind parallel einzusetzen, weil sie sich jeweils auf die gleichen Kapitel beziehen. Dadurch ist gewährleistet, dass lesestärkere und leseschwächere Schüler:innen sich gemeinsam auf den Textinhalt beziehen und ihre individuellen Leseweisen im Unterricht thematisieren können. Darüber hinaus lassen sich die Kopiervorlagen auch im Rahmen von Freiarbeit, z. B. in Form eines Wochenplans oder Lernpakets, einsetzen.

DEUTUNGSPERSPEKTIVEN

»Der Tote im Dorfteich« lässt hinter der Krimihandlung mehrere Deutungen zu. Zum einen veranschaulicht der Roman die Kraft der Wahrheit, die irgendwann doch zum, hier sprichwörtlichen, Vorschein kommt. Obwohl die Dorfbewohner sich nach der Tat darauf verständigen, niemandem etwas zu erzählen, gelingt es Jannek, Till und Rike, das tragische Geschehen zu rekonstruieren und die Dorfbewohner sich ihrer Verantwortung stellen zu lassen.

Damit wird deutlich, dass gerade diese Verantwortung der Schlüssel dafür ist, dass die nächste Generation ohne Schuld aufwachsen kann und einen realistischen Blick auf die Eltern- bzw. Großelterngeneration entwickelt. In diesem Sinne lassen sich Bezüge zur Verantwortung bzw. Schuld der früheren Generationen in der Zeit des deutschen Nationalsozialismus oder in der Zeit der ehemaligen DDR ziehen.

Interessant an Gehms Plot ist auch, dass das Dorf den Blick und den aufklärerischen Impuls von außen braucht, symbolisiert durch Jannek bzw. die Steinmanns, um sich zur Schuld zu bekennen.

Darüber hinaus zeigt der Roman die Stärke von Freundschaft und Vertrauen. Durch sie gelingt es den drei Protagonisten, Licht in das Dunkel der Vergangenheit zu bringen. Alle drei haben einerseits eigene Motivationen, um das Verbrechen aufzuklären, letztlich aber benötigen sie sich gegenseitig, um bei der Lösung des Falles erfolgreich zu sein.

METHODENKISTE

Die folgende »Methodenkiste« ist als Ideen-Pool zur Planung einer Unterrichtseinheit zum Roman »Der Tote im Dorfteich« gedacht. Sie verbindet anzustrebende Kompetenzen im Deutschunterricht mit möglichen Textumgangsweisen in einem Unterricht zum Roman. Dabei beziehen wir uns auf die von der Kultusministerkonferenz (KMK) verabschiedeten »Bildungsstandards für das Fach Deutsch für den Mittleren Bildungsabschluss«, die die verbindliche Grundlage für alle in den Ländern zu entwickelnden Lehr- und Bildungsplänen in der Sekundarstufe I darstellen.

In der rechten Spalte geben wir jeweils mögliche Beispiele für eine konkrete Umsetzung im Unterricht. Hier finden sich auch Verweise zu den Kopiervorlagen und Infoblättern in diesem Heft. Viele methodische Möglichkeiten haben Bezüge zu mehreren Bildungsstandards.

Außerdem lassen sich die vorgeschlagenen Methoden in Verbindung in einem fächerübergreifenden Ansatz (v.a. Politik/Gemeinschaftskunde, Geografie, Geschichte, Ethik, Religion oder anderen Fächern) integrieren.

Bildungsstandards	Methoden	Beispiele
→ Verschiedene Lesetechniken beherrschen		
• Über grundlegende Lesefertigkeiten verfügen: flüssig, sinnbezogen, überfliegend, selektiv, navigierend lesen	• Ein Kapitel bzw. eine besonders wichtige oder spannende Stelle vorlesen • Die Auswahl individuell begründen	• Janneks Ankunft in Ribberow (Kap. 1) • Der Zeitungsartikel (Kap. 5) • Textstellen nach Wahl
	• Einen Textausschnitt mit verteilten Rollen lesen	• Jannek und Till im Dorfkrug (Kap. 4) • Till und Jannek befragen Schwericke (Kap. 9)
	• Bestimmte Textinhalte auffinden	• Mit dem Zeilometer arbeiten → **k.1** • Romananfang (Kap. 1/2) → **k.2** • Informationen einholen (Kap. 8) → **k.5** • Zitate der Figuren (Kap. 7/8) → **k.5** • Aussagen der Dorfbewohner (Kap. 9–11) → **k.6**
	• Ein den Text erschließendes Unterrichtsgespräch anhand von Leitfragen führen	• Dietmar Hempel sagt die Wahrheit (Kap. 13) → **k.7** • Wer ist schuld an Schelks Tod? (Kap. 13) → **k.7**
	• Ein Kapitel oder einen Textabschnitt gestaltend vorlesen und auf Kassette aufnehmen	• Jannek bei Rike zu Hause (Kap. 6) • Showdown auf der Dorffest-Bühne (Kap. 12)
→ Strategien zum Leseverstehen kennen und anwenden		
• Leseerwartungen und -erfahrungen bewusst nutzen	• Eine Mindmap/einen Cluster mit Assoziationen erstellen (Impulse durch Titel, Umschlagbild, Klappentext, Autorin); damit einhergehend eine Leseerwartung aufbauen, Vorwissen aktivieren; ein Lesemotiv formulieren	• Freundschaft und Liebe • DDR • Stadtleben und Dorfleben
	• Bezüge zur eigenen Lebenswirklichkeit herstellen	• Dorfleben und Stadtleben (Kap. 1/2) → **k.2** • Der Fund in der Scheune (Kap. 4) → **k.3** • Der Streit (Kap. 6) → **k.4** • Die Dorfbewohner Mörder? (Kap. 13–14) → **k.3**
• Textschemata erfassen, z. B. Textsorte, Aufbau des Textes	• Die Erzählkonstruktion analysieren	• Auktoriale bzw. personale Erzählperspektive (Kap. 1) • Rückblenden im Roman auffinden • Äußere und innere Handlung
• Verfahren zur Textstrukturierung kennen und selbstständig anwenden	• Wesentliche Textstellen kennzeichnen	• Die Hauptfiguren (Kap. 1/2) → **k.2** • Standbilder (Kap. 3/4) → **k.3** • Gespräch im Dorfkrug (Kap. 4) → **k.3** • Gefühle der Hauptfiguren (Kap. 6) → **k.4** • Der Tote Frank Schelk (Kap. 1–6) → **k.4** • Wer sagt was? (Kap. 9–11) → **k.6**
	• Den Text gliedern	• Die Aufklärung (Kap. 12) → **k.7** • Tabellarische Kapitelübersicht → **i.3**
	• Kapitel- bzw. Abschnittsüberschriften formulieren	• Überschriften zu einzelnen bzw. allen Kapiteln verfassen (vgl. → **i.4**)
	• Fragen aus dem Text ableiten	• Dorfleben oder Stadtleben? (Kap. 1/2) → **k.2** • Wer ist schuld an Schelks Tod? (Kap. 12–14) → **k.7** • Hat das Buch ein Happy End?
	• Bezüge zwischen Textteilen herstellen	• Das Opfer Frank Schelk (Kap. 1–6) → **k.4** • Die LPG (Kap. 1–8) → **k.5** • Janneks verschollener Vater (Kap. 9–11) → **k.6** • Wer ist schuld? (Kap. 12–14) → **k.7** • Beziehung Rike–Jannek (ganzer Roman)

Bildungsstandards	Methoden	Beispiele
• Verfahren zur Textaufnahme kennen und nutzen	• Texte und Textabschnitte stichwortartig zusammenfassen	• Steckbrief zu den Hauptfiguren (Kap. 1/2) → k.2 • Fakten und Vermutungen (Kap. 3/4) → k.3 • Informationen über Schelk (Kap. 5/6) → k.4 • Die Wahrheit (Kap. 13) → k.7
	• Eine Inhaltsangabe mithilfe von Satzstreifen oder anderen Hilfsmitteln erstellen	• Lückentext zum Romananfang (Kap. 1/2) → k.2 • Bei Rike (Kap. 5/6) → k.4
	• Eine wichtige Textstelle visualisieren	• Die Hauptfiguren (Kap. 1/2) → k.2 • Eine Romanszene zeichnen (Kap. 1/2) → k.2 • Der Ackerpflug (Kap. 4) • Skizze des Dorfes erstellen
	• Zu vorgegebenen Antworten Fragen verfassen	• Der Pflug (Kap. 3/4) → k.3
	• Fragen zum Text beantworten	• Der Romananfang (Kap. 1/2) • Die Wahrheit über Schelks Tod (Kap. 13) • Inhalts-Check (ganzer Roman) → k.10
	• Einen Lückentext bearbeiten	• Ankunft in Ribberow und ein Skelett (Kap. 1/2) → k.2 • Nicht beliebt (Kap. 5/6) → k.4 • Eigene Lückensätze verfassen • Inhaltsangabe zum ganzen Roman als Lückentext → k.8
	• Aussagen am Text überprüfen	• Befragungen (Kap. 9–11) → k.6
	• Aussagen erklären und konkretisieren	• Die Auflösung (Kap. 12–14) → k.7
	• Stichwörter formulieren und damit ein Kapitel nacherzählen	• Nachforschungen über Schelk (Kap. 7) • Beziehungskurve Rike–Jannek im ganzen Roman → k.7
→ Literarische Texte verstehen und nutzen		
• Ein Spektrum altersangemessener Werke – auch Jugendliteratur – bedeutender Autorinnen und Autoren kennen	• Leben und Werk der Autorin/des Autors kennenlernen	• Die Autorin Franziska Gehm → i.1 • Interview mit Franziska Gehm → i.2
	• Thematisch verwandte Jugendromane kennenlernen	• Jugendkrimis
• Zentrale Inhalte erschließen	• Ein Unterrichtsgespräch zum Text anhand von Leitfragen führen	• Dorfleben und Stadtleben (Kap. 1/2) → k.2 • Den Fund melden? (Kap. 3/4) → k.3 • Wer ist schuld? (Kap. 12–14) → k.7
	• Einsatz anderer Medien/inhaltlich entsprechend orientierter Zusatztexte zur Erarbeitung der Romanthemen	• Filme, Hörfunkbeiträge, Zeitschriftenartikel und Internetquellen zu den Themen des Romans
• Wesentliche Elemente eines Textes erfassen, z. B. Figuren, Raum- und Zeitdarstellung, Konfliktverlauf	• Den zeitlichen Verlauf des Romans erarbeiten und darstellen	• Kapitelübersicht zum Roman → i.3 • Rike und Till (Kap. 7/8) → k.5 • Der Tod von Frank Schelk (Kap. 12–14) → k.7 • Stimmungskurve (Kap. 12–14) → k.7 • Überblicksplakat zum Roman gestalten
	• Eine Figurenkonstellation/ein Soziogramm erarbeiten	• Figurenkonstellation → i.4 • Grafische Umsetzung der Figurenkonstellation
	• Die Beziehung zwischen Figuren herausarbeiten	• Die erste Begegnung (Kap. 1/2) → k.2 • Gefühle von Rike und Jannek (Kap. 6) → k.4 • Beziehungskurve erstellen • Beziehung Jannek – Rike (ganzer Roman)
	• Figuren charakterisieren; relevante Textstellen mithilfe der Kapitelübersicht auffinden	• Die Hauptfiguren Till, Rike und Jannek (Kap. 1/2) → k.2 • Jannek und Till im Streit (Kap. 5/6) → k.4, k.5 • Stimmungskurven (Kap. 12–14) → k.7

Bildungsstandards	Methoden	Beispiele
	• Handlungsräume analysieren, auch hinsichtlich der Symbolik	• Dorfleben in Ribberow (Kap. 1/2) → k.2 • Präsentation zum Ackerpflug (Kap. 3/4) → k.3 • Das Wasser im Dorfteich
	• Ein Thema bzw. Motiv über den ganzen Roman hinweg verfolgen	• Dorfleben und Stadtleben (ganzer Roman) • Freundschaft und Liebe (ganzer Roman)
	• Den Konfliktverlauf zwischen Figuren grafisch bzw. verbal darstellen	• Till und Jannek (Kap. 7/8) → k.5 • Beziehungskurve erstellen
• Wesentliche Fachbegriffe zur Erschließung von Literatur kennen und anwenden	• Die Erzählperspektive wechseln: eine Textstelle aus anderer Perspektive erzählen	• Das Kennenlernen (Kap. 1) aus Tills Perspektive • Das Dorffest (Kap. 12) aus Dietmars oder Hannes Perspektive
	• Die Erzählzeit analysieren	• Die auktorialen Textbausteine (Kap. 1)
	• Äußere und innere Handlung unterscheiden	• Jannek zu Besuch bei Rike (Kap. 6) • Dietmar erzählt die Wahrheit (Kap. 13)
	• Leerstellen des Romans füllen	• Jannek erzählt am Telefon (Kap. 5) → k.4 • Rike spricht mit dem Pastor (Kap. 11)
	• Den Spannungsverlauf untersuchen/ eine Spannungskurve erstellen	• Die Hand (Kap. 2) • Standbilder (Kap. 3/4) → k.3 • Spannungskurve zum gesamten Roman → k.9
	• Einen inneren Monolog einer Figur verfassen	• Till beim Angeln (Kap. 2) • Rike bekommt Besuch (Kap. 6) • Tagebucheinträge der Figuren am Romanende
• Sprachliche Gestaltungsmittel in ihren Wirkungszusammenhängen und in ihrer historischen Bedingtheit erkennen, z. B. Wort-, Satz- und Gedankenfiguren, Bildsprache (Metaphern)	• Die Namen von Figuren oder Schauplätzen unter die Lupe nehmen	• Schelk
	• Sprachliche Bilder/Metaphern und mögliche Symbole im Text erkennen, ihre Bedeutung verstehen und über ihre Leistungen diskutieren	• Vergleiche und Metaphern auffinden (Kap. 1/2) → k.2 • Sprachbilder und Symbole auffinden, selbst generieren und interpretieren → k.11 • Textelemente symbolisch deuten (ganzer Roman) → k.11
	• Redeformen (Figurenrede, Erzählerrede) identifizieren	• Das erste Kennenlernen (Kap. 1/2) • Jannek und Rike (Kap. 6) → k.4
	• Stilaspekte untersuchen	• Auktoriale Textbausteine (Kap. 1) → k.2 • Rückblenden auffinden: Jannek damals (Kap. 1) • Äußere und innere Handlung (Kap. 6) • Spannungskurve erstellen (ganzer Roman) → k.9
• Eigene Deutungen des Textes entwickeln, am Text belegen und sich mit anderen darüber verständigen	• Eine kontroverse Diskussion zu bestimmten Aspekten oder Figuren führen	• Sollte Till deutlicher um Rike werben? • Sollte Jannek der Polizei von seinem Fund berichten? (Kap. 4) → k.3 • Wer ist schuld an Schelks Tod? (Kap. 12–14) → k.7 • Kann man Gefühle steuern, zum Beispiel sich nicht in jemanden verlieben?
	• Mittels Alter-Ego-Technik die möglichen Gedanken von Figuren darstellen	• Das erste Zusammentreffen (Kap. 2) → k.2 • Die Auflösung (Kap. 13)
	• Den Spannungs- bzw. Stimmungsbogen des Romans/eines Kapitels grafisch darstellen	• Spannungskurve zum ganzen Roman → k.9 • Stimmungskurve von Rike, Jannek und Till (Kap. 12–14) → k.7
	• Eine Rezension zum Roman verfassen	• Rezensionen im Internet recherchieren • Eine eigene Rezension verfassen

Bildungsstandards	Methoden	Beispiele
• Analytische Methoden anwenden	• Den Inhalt eines Textabschnitts rekonstruieren und wiedergeben	• Romananfang (Kap. 1/2) → **k.2** • Fakten und Vermutungen (Kap. 3/4) → **k.3** • Janneks Entscheidung (Kap. 4) → **k.3** • Janneks Telefonat mit seiner Mutter (Kap. 5) → **k.4** • Lückentext »Erste Ermittlungen« (Kap. 5/6) → **k.4** • In Großkumerow und Sandemünde (Kap. 7/8) → **k.5** • Befragungsergebnisse (Kap. 9–11) → **k.6** • Die Wahrheit (Kap. 13) → **k.7**
	• Den antizipierten und realen Handlungsverlauf vergleichen	• Vermutungen zur Tat (Kap. 3/4) → **k.3** • Warum musste Schelk sterben (Kap. 9–11) → **k.6** • Janneks Vater (Kap. 9–11) → **k.6**
	• Untersuchen, wie im Text Spannung erzeugt wird	• Der Fund (Kap. 2) → **k.2** • Spannungskurve zum Roman → **k.9**
	• Ein Kapitel mit einem subjektiven »Untertext« versehen	• Die Befragung von Schwericke (Kap. 9) • Gespräch mit Nicole im Dorfkrug (Kap. 9) • Auf der Bühne (Kap. 12)
	• Handlungsmotive einer Figur herausarbeiten	• Die Hauptfiguren (Kap. 1/2) → **k.2** • Der Ackerpflug in der Scheune (Kap. 4) → **k.3** • Telefonat mit der Mutter (Kap. 5) → **k.4** • Konflikt zwischen Till und Jannek (Kap. 7/8) → **k.5** • Der Tod von Schelk (Kap. 13) → **k.7**
	• Textstellen interpretieren und mit eigenen Worten erklären	• Bei Rike zu Hause (Kap. 6) • Till ist sauer (Kap. 6) • Die Wahrheit (Kap. 12–14) → **k.7**
	• Den thematischen Hintergrund des Romans erhellen	• Dorfleben und Stadtleben (Kap. 1/2) → **k.2** • Freundschaft und Liebe
	• Eine gemeinsame Reflexion der Lektüre durchführen	• Feedback-Bogen → **k.12** • Bei einem Abschlussgespräch Einschätzungen und Bewertungen austauschen
• Produktive Methoden anwenden	• Ein eigenes Lesetagebuch bzw. einen Leseordner zum Roman führen	• Individuelle Einträge • Eigenes Cover gestalten während bzw. nach der Lektüre
	• Einen Comic oder eine Fotostory zu einem Kapitel des Romans erstellen	• Jannek entdeckt den Ackerpflug in der Scheune (Kap. 4) • Der Tote im Dorfteich (ganzer Roman) → **k.9**
	• Eine Szene in »Stop Motion«-Technik mit Einzelbildern darstellen	• Der Fund (Kap. 2)
	• Einen Steckbrief zu einer Figur erstellen	• Die Hauptfiguren (Kap. 1/2) → **k.2** • Hanne
	• Ein fiktives Interview mit einer Figur führen	• Interviews mit den Figuren am Ende des Romans → **k.9**
	• Einen fiktiven Dialog zwischen Romanfiguren verfassen	• Till gesteht Rike seine Liebe • Jannek und seine Mutter am Romanende
	• Gedanken und Gefühle der Figuren imaginieren	• Das Kennenlernen (Kap. 2) → **k.2** • Rike und Jannek (Kap. 3/4) → **k.3, k.4** • Ein Interview mit einer Hauptfigur (ganzer Roman) → **k.9**
	• Den Roman weiterdenken und -schreiben	• Rike und Jannek treffen sich in Pinzlau (Romanende) • Dorfversammlung nach der Auflösung (Romanende)

Bildungsstandards	Methoden	Beispiele
	• Eine Textstelle weiterschreiben	• Das Telefonat nach dem Fund (Kap. 2)
	• Eine Textstelle umschreiben	• Das Kennenlernen in anderer Version als Rollenspiel (Kap. 2) → **K.2** • Jannek geht zu Dietmar Hempel und berichtet vom Pflugfund (Kap. 4) • Das Dorf hält dicht (Kap. 12)
	• Einen Anschlusstext zu einem Romanthema verfassen	• Flirttipps für Till (Kap. 7) • Informationen zur LPG (Kap. 7/8) → **K.5**
	• Standbilder prägnanter Szenen darstellen und erraten lassen	• Rike, Till und Jannek (Kap. 3/4) → **K.3** • Die drei auf der Dorffest-Bühne (Kap. 12)
	• Einen Brief einer Figur an eine andere Figur verfassen	• Till schreibt an Rike (Kap. 7) • Hanne schreibt an Jannek (Romanende)
	• Einen Brief an eine Figur verfassen	• An Jannek nach dem Fund in der Scheune (Kap. 4) • An eine Hauptfigur am Ende des Romans
	• Zu einem Kapitel einen Tagebucheintrag verfassen	• Janneks Tagebucheintrag (Kap. 5/6) → **K.4** • Rikes Tagebucheintrag, nachdem sie weiß, dass ihre Mutter nicht schuld an Schelks Tod ist
	• Eine Ich-Erzählung einer Figur verfassen	• Das erste Zusammentreffen mit Jannek aus Rikes Sicht (Kap. 2) • Der grausige Fund aus Tills Sicht (Kap. 2) • Das Dorffest aus Dietmars Sicht (Kap. 12)
	• Eine Reportage bzw. einen Zeitungsbericht über eine Textstelle verfassen	• Der Tote im Dorfteich (ganzer Roman) → **K.7**
	• Ein literarisches Rollenspiel zu einer Szene durchführen	• Die erste Begegnung (Kap. 2) → **K.2** • Der grausige Fund (Kap. 2) • Auflösung beim Dorffest (Kap. 12)
	• Einen Handlungsort oder eine Szene malen, zeichnen oder nachbauen	• Eine Szene zeichnen (Kap. 1/2) → **K.2** • Lageplan von Ribberow • Der Ackerpflug
	• Eine thematische Aktion durchführen	• Dorfleben und Stadtleben • Freundschaft und Liebe • Leben und Arbeiten in der ehemaligen DDR
	• Ein Rätsel zu einem Kapitel oder zum Roman erstellen bzw. lösen	• Kreuzworträtsel • Silbenrätsel (vgl. → **K.2**)
	• Ein alternatives Titelbild erstellen	• Bildmaterial über Bildagenturen • Als Cover für das Lesetagebuch
	• Ein Plakat bzw. eine Collage zum Buch erstellen	• Mit Zeichnungen, Zeitschriftenausschnitten, Textzitaten etc.
	• Ein Hörspiel verfassen	• Das erste Kennenlernen (Kap. 2) • Das klärende Gespräch (Kap. 13)
	• Ein Gedicht zu einem Kapitel verfassen	• Dorfleben und Stadtleben • Freundschaft und Liebe • Wer ist mein Vater? • Entweder aus der Perspektive einer Figur (lyrisches Ich) oder aus der eines allwissenden Autors

Bildungsstandards	Methoden	Beispiele
• Handlungen, Verhaltensweisen und Verhaltensmotive bewerten	• Sympathie/Antipathie zu den Figuren thematisieren	• Sympathiekurven zu Figuren erstellen • Erster Eindruck von Till, Rike, Jannek (Kap. 1/2) → **k.2** • Figuren nach Sympathie ordnen → **k.12**
	• Zu den Romanfiguren Stellung beziehen, ihr Verhalten und Handeln bewerten und kommentieren	• Till, Rike und Jannek (Kap. 1/2) → **k.2** • Richtige Entscheidung von Jannek? (Kap. 3/4) → **k.3** • Tills Reaktion (Kap. 6) → **k.4** • Wer ist schuld an Schelks Tod? → **k.7**
→ Sach- und Gebrauchstexte verstehen und nutzen		
• Hintergrundinformationen suchen, verstehen, auswerten und vergleichen	• Eine Collage erstellen	• Dorfleben und Stadtleben • Schuld und Verantwortung • Freundschaft und Liebe
→ Medien verstehen und nutzen		
• Informationsmöglichkeiten nutzen	• Internet- und Buchrecherche zu Themen des Romans	• Stadtleben und Dorfleben • Der Ackerpflug (Kap. 3/4) → **k.3** • LPG (Kap. 7/8) → **k.5**
• Medien zur Präsentation und ästhetischen Produktion nutzen	• Powerpoint-Präsentationen bzw. Hypertexte erarbeiten, vorstellen und reflektieren	• Die Autorin Franziska Gehm → **i.1, i.2** • LPG (Kap. 7/8) → **k.5** • Dorfleben und Stadtleben – Vorteile und Nachteile

Vorschlag für eine Unterrichtseinheit

Jede Unterrichtseinheit zu einem Jugendroman nimmt sinnvollerweise Bezug auf die konkreten Lernvoraussetzungen Ihrer Schüler:innen, aber auch auf Ihre eigenen Erfahrungen und Planungsziele. Wir möchten Ihnen hier ein Grobraster für eine Unterrichtseinheit zu »Der Tote im Dorfteich« vorstellen, das nach dem Grundsatz »erschließend, nicht erschöpfend« vorgeht. Die Einheit besteht, unterstützt durch die Infoblätter und Kopiervorlagen aus diesem Heft, aus vier unterschiedlichen Modulen:

- Modul A: Den Roman lesen und erarbeiten
- Modul B: Thematische Aspekte bearbeiten
- Modul C: Projektorientiert mit dem Roman arbeiten
- Modul D: Die Lektüre reflektieren

Empfehlenswert ist der Einsatz eines Lesetagebuchs bzw. Leseordners. Hier finden eigene Gedanken und Notizen, aber auch im Unterricht erarbeitete Aspekte Platz und können immer wieder nachgeschlagen werden. Somit ist auch eine Sicherung der Ergebnisse gewährleistet.

Die Kopiervorlagen auf drei Niveaustufen bieten gerade den Lehrer:innen, die in inklusiven bzw. stark heterogenen Klassen unterrichten, die Möglichkeit, alle Schüler:innen individuell zu fördern und ihnen Erfolgserlebnisse im Umgang mit dem Buch zu ermöglichen. Die Materialien bieten neben niveauunterschiedlichen Lernphasen in Einzel-, Partner- oder Gruppenarbeit immer wieder auch gemeinsame Phasen, in denen sich alle Schüler:innen der Lerngruppe über ihre Leseprozesse gemeinsam verständigen können. Die Schüler:innen, die auf dem grundlegenden Niveau lernen, arbeiten mit der vereinfachten Textfassung »Der Tote im Dorfteich. In Einfacher Sprache«. Einfache Sprache entspricht dem Sprachniveau A2/B1 und richtet sich an Kinder mit LRS oder geringen Deutschkenntnissen.

Die Kopiervorlagen des G-Niveaus (k.1) beziehen sich auf diese Textfassung, die Kopiervorlagen des M-Niveaus (M = mittleres Niveau) (k.1) und des E-Niveaus (E = erweitertes Niveau) (k.1) auf die andere Textfassung.

Einstiegssequenz
(2–4 Unterrichtsstunden)

- Leseerfahrungen mit Kriminalliteratur thematisieren
- Gemeinsames Betrachten des Buchcovers, Vermutungen zu Titel und Titelbild anstellen (Schauplatz, Zeit)
- Assoziationen zum Umschlagtext stichwortartig auf einem Plakat als Mindmap sammeln und in der Klasse aufhängen
- Erstellen eines Zeilometers (**k.1**)
- Ein Lesetagebuch oder einen Leseordner anlegen (Titelbild selbst gestalten, Anlegen eines Inhalts- und Figurenverzeichnisses, Informationen zur Autorin)
- Gemeinsames Lesen von Kapitel 1 und 2; Leseeindrücke schildern; Annäherung an die Hauptfiguren Till, Jannek und Rike
- Antizipation des weiteren Handlungsverlaufs (mündlich und/oder schriftlich)

Modul A: Den Roman lesen und erarbeiten

- Lektüre der Erzählung teils häuslich (z.B. mit Notizen ins Lesetagebuch/in den Leseordner oder ins Deutschheft), teils im Unterricht (Vorlesen durch Lehrer:in und Schüler:innen, stille/freie Lesephasen)
- Schwerpunktmäßige Bearbeitung des Romans mithilfe der Kopiervorlagen → **k.2** bis **k.11**
- Weitere Anregungen aus der »Methodenkiste« in diesem Heft → **u.5**

Modul B: Thematische Aspekte bearbeiten

- Weiterführende Quellen und Materialien zum Beispiel zu den Themen »Freundschaft/Liebe«, »LPGs in der DDR«, »Stadt und Land« und »Kollektivschuld« (auch im fächerübergreifenden Unterricht).
- Präsentation der Arbeitsergebnisse, z.B. durch Plakatvortrag, Powerpoint-Präsentation, Wandzeitung, Rollenspiel oder andere Formen.

Modul C: Projektorientiert mit dem Roman arbeiten

- An unterschiedlichen, selbst gewählten Themen in Einzel-, Partner- bzw. Gruppenarbeit arbeiten
- Bearbeitung der Kopiervorlagen, die nicht in Modul A und B eingesetzt wurden
- Weitere Anregungen aus der »Methodenkiste« in diesem Heft → **u.5**
- Präsentation von Arbeitsergebnissen (s.o.)

Modul D: Die Lektüre reflektieren

- Präsentation von Arbeitsergebnissen aus den Lesetagebüchern bzw. Leseordnern
- Verfassen einer Rezension zum Roman (z.B. als Lernzielkontrolle)
- Abschließendes Gespräch über die subjektiven Leseeindrücke und Bewertungen der Schüler:innen anhand des Feedback-Bogens → **k.12**

Infoblätter

© privat

i.1 DIE AUTORIN FRANZISKA GEHM

Franziska Gehm wurde in Sondershausen (Thüringen) 1974 geboren. Nach ihrem Studium in Deutschland, England und Irland arbeitete sie bei einem Wiener Radiosender, an einem dänischen Gymnasium und bei einem Kinderbuchverlag. Mittlerweile lebt sie als Autorin und Übersetzerin mit ihrer Familie in München. Sie hat zahlreiche Kinder- und Jugendbücher veröffentlicht, die in viele Sprachen übersetzt wurden.

Ihr Roman »Der Tote im Dorfteich« wurde für den *Hansjörg-Martin-Preis* nominiert.

i.2 INTERVIEW MIT FRANZISKA GEHM: »DAS ENDE STAND VON VORNHEREIN FEST«

Franziska Gehm über gute Kriminalromane, ihren Weg zum Dorfteich-Roman und ihre Lieblingsstellen

Frau Gehm, wie sind Sie zum Schreiben von Jugendliteratur gekommen?

Als Jugendliche wusste ich lange nicht, was ich werden wollte. Also habe ich verschiedene Sachen ausprobiert. Ich war beim Radio (interessant, aber ich sitze lieber vor dem Radio als hinter dem Mikro), bei einem Autohersteller im Vertrieb (war nichts für mich) und bei einem Kinderbuchverlag als Lektorin (das war schon nicht schlecht, aber noch nicht ganz perfekt). Über den Job im Verlag bin ich dann zum Schreiben gekommen. Ich glaube, die Arbeit dort hat mir die Hemmung genommen, es einmal selber zu versuchen.

Für Jugendliche schreibe ich deshalb gerne, weil dieser Lebensabschnitt voller Möglichkeiten, Unsicherheiten, gemischter Gefühle und vieler Dinge ist, die zum ersten Mal geschehen. Perfekt als Buchstoff. Außerdem ist das junge Publikum meist erfrischend offen, direkt und ehrlich.

Schreiben Sie mit Hand, mit Schreibmaschine oder mit dem Computer?

Den Text an sich schreibe ich mit dem Computer, aber wenn ich mir vorher Gedanken zur Handlung, zur Szenerie und den Figuren machen, verbildliche ich mir das gerne mit Blatt und Stift. Ich skizziere mir z. B. grob das Dorf – wo wohnt wer, wo liegt der Dorfteich –, aber auch Handlungsstränge und zeitliche Abläufe.

Sie sind Autorin und auch Übersetzerin von Jugendliteratur. Wo liegen die Reize beider Tätigkeiten?

Der Reiz liegt für mich in der Mischung aus Input und Output. Wenn ich schreibe, lasse ich ganz viel raus an Gedanken, Erinnerungen, Bildern, die ich im Kopf habe. Wenn ich übersetze, bekomme ich Input. Ich nehme die Gedanken, Erinnerungen, Bilder und die Sprache eines anderen Autors sehr intensiv auf.

Wie müssen Kriminalromane strukturiert sein, die Sie selbst gerne lesen?

Mir persönlich sind bei jedem Buch – nicht nur bei Kriminalromanen – überzeugende, vielschichtige Figuren wichtiger als die Struktur. Bei einem Krimi finde ich aber natürlich auch toll, wenn die Auflösung wirklich erst auf den letzten Seiten stattfindet und überraschend, aber auch nachvollziehbar ist.

Wie kam es zur Idee zu »Der Tote im Dorfteich«?

Ich hatte schon lange den Wunsch, einen Krimi mit jugendlichen Protagonisten zu schreiben. Von vornherein wusste ich nur, dass am Ende des Krimis Fragen offen bleiben sollten und kein klassischer, böser Täter überführt werden sollte. Auf meiner Suche nach Ideen habe ich viel gelesen (Zeitungen, Bücher, Internet). Immer wieder stieß ich dabei auf Wasserleichen und Vermisste. Und immer wieder hatte ich dabei verlassene Landstriche in Brandenburg im Kopf. Das war der grobe Ausgangspunkt.

Haben Sie ein Dorf wie Ribberow in Ihrer Kindheit kennengelernt?

Ja, ich habe in meiner Kindheit fast jeden Sommer in einem ähnlichen Dorf wie Ribberow verbracht. Und zwar sehr gerne.

Die Ortsnamen verweisen auf Brandenburg oder Mecklenburg-Vorpommern, sind aber trotzdem verfremdet. Könnte »Der Tote im Dorfteich« auch in Bayern spielen?

Ich wohne seit ungefähr zehn Jahren in Bayern und bin mir sicher, dass »Der Tote im Dorfteich« auch in irgendeinem entlegenen Dorf in diesem Bundesland spielen könnte. Dann würden die Leute in der Dorfkneipe eben nicht berlinern, sondern »Grüß Gott« sagen.

In Ihrem Roman wird das Dorfleben stellenweise recht negativ bewertet. Welche positiven Aspekte einer sozial eng verwobenen Gemeinschaft wollen Sie herausstellen?

Hier kommt die Antwort, direkt aus dem Text:

Ribberow war einfach ein verschrobenes Nest. Entweder die Leute redeten gar nicht miteinander, oder sie tratschten, dass einem die Ohren abfielen. Oder sie waren von einer Sekunde auf die andere schlecht drauf, wie Till vorhin. Aber eigentlich, überlegte Jannek, war es in der Stadt nicht viel anders. Die Menschen waren nur mehr mit sich selbst beschäftigt. Aber vielleicht war das ja auch das Gute am Dorf: Selbst, wenn man nicht unbedingt miteinander redete, interessierte man sich füreinander.

Wie lange haben Sie an dem Roman gearbeitet?

Das ist schwer zu sagen, da ich anfangs nur hin und wieder an der Idee gearbeitet habe, dann irgendwann am konkreten Text, den habe ich mehrmals überarbeitet, Szenen ausgeschmückt, andere gekürzt, an den Figuren gefeilt usw. Im Ganzen würde ich schätzen, ein Jahr.

Jannek, Till und Rike haben jeweils wichtige persönliche Motive, die Wahrheit herauszufinden. Aus welchen Gründen haben Sie sich gegen eine typische Detektivfigur entschieden?

Einer der Hauptgründe war, dass mein Protagonist ungefähr 16 Jahr alt sein sollte. Einen Hobbydetektiv in dem Alter fand ich etwas unglaubwürdig und lächerlich. Daher Jannek und Rike mit ihren persönlichen Motiven. Der etwas ältere Till mit seiner Polizistenausbildung ermöglicht die Ermittlungsarbeit überhaupt erst richtig. Typische Detektivfiguren haben genug andere Krimis, und ich hoffe, dass sich die jungen Erwachsenen gut in Jannek, Rike und Till hineinversetzen können.

Haben Sie auch mit dem Gedanken gespielt, die Geschichte aus Janneks Sicht, also in Ich-Perspektive, zu schreiben?

Ja, habe ich. Aber es wäre schwierig gewesen, allein mit dieser Perspektive den Spannungsbogen zu halten.

Gibt es eine Szene oder Figur des Buchs, die Sie besonders gerne mögen?

Grundsätzlich mag ich die Szenen mit den Leuten aus dem Dorf, also im Konsum, im Dorfkrug, beim Dorffest. Neben den Hauptfiguren mag ich Hanne sehr.

Es gibt einige grausame Szenen im Roman. Gab es bei Ihnen die Überlegung beim Schreiben, was den jugendlichen Leserinnen und Lesern zugemutet werden könne?

Schon, deswegen habe ich mich bewusst für eine etwas ältere Wasserleiche entschieden, die »nur noch« ein Skelett ist.

Das Opfer, Frank Schelk, schildern sie sehr unsympathisch. Sein Tod wird juristisch nicht verfolgt. Welche moralische »Reaktion« erwarten Sie angesichts dieser ambivalenten Schuldthematik bei Ihren Leserinnen und Lesern?

Ich wollte ganz bewusst kein juristisches Urteil an den Schluss stellen oder die Tat der Dorfgemeinschaft bewerten, sondern Raum zum Nachdenken und Diskutieren lassen.

Der Roman hat ja einen überraschenden Schluss: Jannek erfährt, dass er Schelks Sohn ist. Hatten Sie auch eine andere Version im Kopf?

Nein, das Ende stand von vornherein fest.

Lesen Sie bei Lesungen, z. B. an Schulen, aus dem Roman vor? Welche Stelle lesen Sie dann vor? Wie reagieren die Jugendlichen?

Meistens lese ich den Anfang vor, danach die Szene, in der Jannek und Till den Toten finden, und die, in der Jannek die Entdeckung in der Scheune macht. Dann lasse ich die Zuhörer gerne raten, wen sie für den Mörder halten. Die Meisten tippen auf den Opa und Hanne.

Interview: Marc Böhmann, Arnhild Nachreiner (Januar 2010)

i.3 Tabellarische Inhaltsübersicht

Kapitel	Seite (Einf. Sprache)	Erzähltes Geschehen
1	5–14 (5–10)	Prolog: In der Tiefe liegt ein Skelett, eine Knochenhand reckt sich empor. Jannek, 16 Jahre alt, geht in den Herbstferien in sein ehemaliges Heimatdorf, um seine Großmutter Hanne zu besuchen. Er freut sich nicht sonderlich auf diese Woche, weil Hanne in letzter Zeit immer seltsamer geworden ist und er schon lange nicht mehr in Ribberow zu Besuch war. Am Ortseingang wird er von Till, seinem Freund aus Kindertagen, mit dem Auto überholt. Er ist mittlerweile Polizist im Dorf. Jannek wird nicht sehr freundlich von Hanne begrüßt.
2	15–30 (11–17)	Jannek geht mit Till zum Angeln an den Dorfteich. Auf dem Weg dorthin treffen sie Rike, die mit dem Fahrrad unterwegs ist. Jannek findet sie interessant. Beim Angeln spürt er einen Widerstand und holt eine skelettierte Menschenhand heraus. Unter der Wasseroberfläche entdecken beide schemenhaft ein Skelett. Sie sind geschockt und benachrichtigen die Polizei. Die Polizisten aus Sandemünde kommen zum Weiher, befragen die beiden, sichern die Hand und sperren den Dorfteich ab. Dietmar Hempel ist verärgert, dass Till und Jannek die Kripobereitschaft eingeschaltet haben.
3	31–42 (18–24)	Jannek fährt nach Hause zu Hanne, ist aber noch immer geschockt und muss viel über das grausame Erlebnis nachdenken. Am nächsten Morgen steht Jannek wie gerädert auf und geht zum Dorfbäcker. Danach zieht es ihn wieder zum Dorfteich, wo schon das halbe Dorf versammelt ist. Die Dorfbewohner verhalten sich ihm gegenüber feindselig. Die Polizei hat bereits den Weiher abgepumpt. Jetzt kann Jannek sehen, wie das Skelett auf einem Pflug liegt. Zu Hause teilt er Hanne mit, dass sie beim Angeln eine Leiche im Dorfteich gefunden haben. Er weiß von Till, dass der Tote auf dem Pflug festgebunden war. Also war es Mord. Hanne reagiert seltsam auf die Nachricht. Sie bittet ihn, mit dem Fahrrad zur Apotheke im Nachbarort zu fahren. In der Apotheke in Großkumerow trifft er Rike. Er bittet sie, draußen auf ihn zu warten. Im Gespräch mit ihr merkt er, dass er Rike mit ihrem eigenartigen Humor und ihrer Schlagfertigkeit mag. Sie schlägt ein Wettrennen nach Ribberow vor. Rike gewinnt.
4	43–53 (25–29)	Jannek und Till sind am Montagabend zum Darts spielen im Dorfkrug und unterhalten sich über den Mordfall. Jannek erzählt Till von seiner Begegnung mit Rike. Am Dienstagmorgen inspiziert Jannek den alten Bauernhof von Hanne. Er verschafft sich Zutritt zur verschlossenen Scheune und findet darin den Pflug, dessen Teil im Weiher an der Leiche lag. Als er aus der Scheune kommt, wird er von Hanne beobachtet. Beide stehen sich wortlos auf dem Hof gegenüber. Dann dreht sich Hanne um und geht. Jannek überlegt fieberhaft, was er gerade gesehen hat. Er findet keine Erklärung dafür. Er beschließt, erst einmal niemandem etwas von seiner Entdeckung zu berichten.

Kapitel	Seite (Einf. Sprache)	Erzähltes Geschehen
5	54–69 (30–36)	Till besucht Jannek mittags zu Hause und erzählt ihm von den Ermittlungsergebnissen der Polizei. Die Leiche lag ungefähr fünf Jahre im Dorfteich. Das Opfer war vorher schon tot, wurde dann auf den Pflug gebunden und anschließend im Weiher versenkt. Auch den Namen des Mordopfers kennt man: Frank Schelk, 36 Jahre, aus Großkumerow stammend. Als Till gegangen ist, bemerkt Jannek, dass Hanne wohl alles mit angehört hat. Am Telefon erzählt er seiner Mutter von dem Toten. Diese reagiert geschockt. Am Nachmittag geht Jannek wieder zum Weiher. Dort ist sonst niemand mehr, nur die Absperrung hängt noch. Auch den Pflug hat die Polizei mitgenommen. Zu Hause angekommen, liest Jannek weiter in seinem Tiefsee-Buch, ein richtiges Gespräch kommt mit Hanne nicht zustande. Abends hilft Jannek Till beim Abbeizen einer Kommode. Währenddessen erzählt Herr Hempel von Frank Schelk, der bekannt, aber nicht beliebt war. Hempel vermutet, dass Schelk von Geschäftspartnern ermordet wurde. Am Mittwochmorgen geht Jannek zum Dorfladen, wo er sich eine Zeitung holt. Draußen liest er den großen Artikel über den Toten im Dorfteich. Neben dem Artikel gibt es auch ein Foto von Schelk. Dann hört Jannek mit, wie sich einige Dorfbewohner über den Fall unterhalten. Einige vermuten, dass Rikes Vater der Mörder ist.
6	70–79 (37–43)	Nachmittags trifft Jannek im Dorf auf Rike. Gemeinsam gehen sie zu Rike nach Hause. Jannek erzählt ihr währenddessen von seiner Familie und dem Vater, den er nie kennengelernt hat. Bei Rike werden beide von Robert Steinmann empfangen. Robert erzählt, dass er aus Schrott Kunstobjekte gestaltet. Er zeigt sie Jannek draußen im Garten. Im Haus erzählt Rike Jannek von ihrer Mutter und deren Selbstmord. Jannek fühlt sich von Rike angezogen, aber sie möchte jetzt alleine sein. Zurück im Dorf begegnet ihm Till im Auto. Jannek berichtet, dass er Rike besucht hat und auch Robert kennenlernen konnte. Till reagiert gereizt und saust davon.
7	80–91 (44–51)	Abends will Jannek Hanne nach dem Pflug in der Scheune fragen, er traut sich aber nicht. Weil Till nicht zu Hause ist, geht Jannek zum Weiher. Dort trifft er ihn. Till erzählt ihm, dass er schon seit sechs Jahren in Rike verliebt ist, diese aber nichts von ihm wissen will. Till hofft noch immer, dass Rike ihm eine Chance gibt. Als Till sagt, dass Rike in Jannek verknallt sei, bestätigt Jannek seine Gefühle für Rike. Zu Hause bei Till sprechen beide weiter über den Mordfall. Schelk hatte bei der Auflösung der LPG seine Finger im Spiel. Dann erzählt Jannek Till, dass er in Hannes Scheune den anderen Teil des Pfluges gefunden hat. Beide beschließen, Herrn Hempel über Schelk auszufragen. Sie erfahren von ihm, dass Schelk einige Frauengeschichten hatte. Herr Hempel möchte aber nicht mehr darüber erzählen. Dann geht Jannek zu Hanne und spricht sie auf den Pflug in ihrer Scheune an. Hanne antwortet, Jannek hätte Opa Heinz danach fragen sollen. Till und Jannek treffen sich im Dorfkrug. Von Sabine, der Barfrau, erfahren die beiden, dass Schelk viel Alkohol getrunken hat. Till schlägt vor, morgen im Schularchiv und in der Bibliothek nachzuforschen, was damals mit Schelk war.
8	92–101 (52–56)	Jannek und Till fahren nach Großkumerow. Im Schularchiv finden sie das Jahrbuch von Schelks Abgangsjahr 1983. Sie finden heraus, dass Schelk mit Dietmar Hempel in einer Band gespielt hat. Auf einem Foto ist Schelk mit Tills Mutter zu sehen, offenbar haben Tills Eltern Frank Schelk doch besser gekannt. In der Bibliothek in Sandemünde durchforsten beide alte Zeitungen. Sie entdecken in einer Zeitung von 1990 einen Artikel über die LPG-Auflösung, bei der Schelk mit dem Großbauer Schwericke offenbar einige Bauern übers Ohr gehauen hat. Außerdem finden sie einen Artikel über den Selbstmord von Rikes Mutter vor fünf Jahren.
9	102–117 (57–66)	Till und Jannek fahren zu Schwericke, der im Gespräch sehr arrogant ist. Schwericke sagt, er habe vor fünf Jahren längere Zeit im Krankenhaus gelegen. Damit hätte er ein Alibi. Er leugnet, dass er damals Schelk noch einmal gesehen hat. Während Till Schwericke weiterhin verdächtigt, findet Jannek, dass dieser mit Schelks Tod nichts zu tun hat. Abends ruft Till Jannek noch einmal an: Schwerickes Alibi stimmt. Auch die Vergewaltigungsgeschichte mit Schelk ist nur ein Gerücht. Am Donnerstagmittag geht Jannek ins Dorf und trifft dort Till. Eine Dorfbewohnerin, Regina, erzählt beiden, dass Schelk verlobt war und dass seine Verlobte gerade im Dorfkrug sitzt. Regina berichtet den beiden auch von einem Hotel außerhalb des Dorfes, das offenbar Schelk gehört hat. Rike, die gerade vorbeikommt, erzählt, dass ihre Mutter sich damals offenbar beim Hotel beworben habe. Zu dritt gehen sie zum Dorfkrug. Nicole, Schelks frühere Verlobte, schildert Schelks Frauengeschichten und berichtet, dass das Hotel wohl ein Bordell oder ein Privatclub war. Schelk habe damals in der Gegend viele Feinde gehabt. Dann bemerkt Jannek, dass Rike plötzlich leichenblass wird. Er begleitet sie nach draußen. Draußen erzählt Rike, dass sie sich plötzlich erinnert habe: Ihre Mutter kam von der Bewerbung beim Hotel völlig verstört zurück und hat vor ihrem Selbstmord oft Selbstgespräche geführt. Sie berichtet Jannek auch vom Unfalltod von Helenas älterem Bruder.

Kapitel	Seite (Einf. Sprache)	Erzähltes Geschehen
10	118–129 (67–72)	Jannek und Till gehen zu dem ehemaligen Bordell, das mittlerweile völlig verkommen ist. Sie sind sicher, dass Schelk in der direkten Umgebung des Weihers umgebracht wurde. Zu Hause spricht Jannek noch einmal mit Hanne. Sie wirft ihm vor, keine Ruhe zu geben mit der Mordgeschichte. Sie fordert ihn auf, die Sache auf sich beruhen zu lassen, auch für Opa Heinz. Jannek will sie direkt fragen, ob beide etwas mit dem Mord zu tun haben, traut sich aber nicht. Mittags beschließen Till und Jannek, zu Rike zu gehen. Von Robert erfahren sie, dass Rike seit dem Vormittag verschwunden ist. Robert erzählt den beiden, dass Helena ungefähr ein halbes Jahr nach dem Vorstellungsgespräch beim Hotel abends in den Dorfkrug gegangen ist und am nächsten Morgen völlig verstört war. Till und Jannek versprechen ihm, bei der Suche nach Rike zu helfen.
11	130–141 (73–79)	Im Dorfkrug sprechen Jannek und Till noch einmal mit Sabine, der Barfrau. Sie erfahren, dass es vor fünf Jahren Streit mit Schelk wegen Rikes Mutter gab. Mehr will Sabine nicht sagen. Jannek fährt zu Hanne und berichtet, dass Rike verschwunden ist. Im Gespräch sagt Hanne, dass Janneks Vater ein Nichtsnutz gewesen sei. Rikes Mutter sei aber nicht schuld an Schelks Tod. Auch sie selbst habe nichts damit zu tun. Jannek solle sich an Tills Vater wenden, um mehr zu erfahren. Jannek hat eine Idee, wie er das Dorf zum Reden bringt. Als Jannek bei Hempels mit Till spricht, kommt Rike. Sie war beim Pastor von Großkumerow, wie damals ihre Mutter. Der hatte Rikes Mutter damals geraten, sich an den Polizeihauptmeister zu wenden.
12	142–151 (80–84)	Die drei gehen nachmittags zur Scheune und schauen sich den schweren Rest des Pfluges an. Sie tragen ihn heraus und bringen ihn bis zum Festplatz. Jannek denkt darüber nach, ob seine Idee funktioniert. Sie wollen die Schuldigen mit dem Pflug zum Reden bringen. Als sie den Pflug auf die Bühne stellen, herrscht zuerst Schweigen bei der versammelten Dorfgemeinschaft. Dann ergreift Jannek das Wort und stellt dar, was bislang bekannt ist über die Vorfälle vor fünf Jahren. Rike bittet die Dorfbewohner eindringlich, ihr zu sagen, dass ihre Mutter keine Mörderin ist. Zuerst steht Dietmar Hempel langsam auf, dann Knubs, später alle anderen.
13	152–162 (85–91)	Zu Hause bei Hempels erzählt Dietmar die ganze Geschichte. Am Abend, als Schelk nach Ribberow kam, um sich nach China zu verabschieden, gab es großen Streit, weil Schelk gegenüber den Dorfbewohnern wieder großspurig aufgetreten ist. Schelk hat sich heftig an Rikes Mutter rangemacht. Sie rief um Hilfe und Tills Vater schleifte Schelk zur Kneipentür heraus, dieser flüchtete vor dem aufgebrachten Mob und stürzte von der Mauer des Mühlenhofes und schlug mit dem Kopf auf einen Stein, woraufhin er sofort tot war. Dietmar entschuldigt sich bei Rike dafür, dass er ihrer Mutter damals gesagt habe, sie solle alles vergessen, und ihr in ihrer verzweifelten Seelenlage nicht geholfen habe.
14	163–172 (92–98)	Till und Jannek sitzen am Freitagmorgen am Weiher und sprechen über das, was damals geschehen ist. Till ist froh, dass Schelk nicht sein Vater ist. Zu Hause bei Hanne schaut Jannek in den Spiegel und entdeckt Ähnlichkeiten mit Schelk. Er sagt Hanne, dass er weiß, dass Schelk sein Vater ist. Hanne bestätigt dies. Till bringt Jannek zum Bahnhof nach Großkumerow, vorher fahren sie noch bei Rike vorbei, die aber nicht zu Hause ist. Im Zug erhält Jannek einen Anruf von Rike. Sie teilt ihm mit, dass sie in den Weihnachtsferien ein Praktikum in Pinzlau machen wird. Jannek freut sich darüber und hofft insgeheim, dass aus der entstandenen Freundschaft zu Rike mehr wird.
	(99–103)	Glossar

FIGURENKONSTELLATION

i.4

Marianne Hempel
Mutter von Till, Ehefrau von Dietmar, fand Schelk damals charmant

Dietmar Hempel
Vater von Till, Ehemann von Marianne, Polizist im Dorf, will von dem Fall nichts wissen

Helena Steinmann (†)
Rikes Mutter, muss als Zehnjährige den Tod ihres Bruders mit ansehen, bewirbt sich damals bei Schelk im Hotel, wird im Dorfkrug belästigt und bedrängt, begeht etwas später Selbstmord

Robert Steinmann
lebt mit Rike alleine im Haus am Waldrand, Spitzname der Dorfbewohner: »Waldeinstein«, Künstler, leidet stark unter dem Selbstmord seiner Frau

Till Hempel
früherer Freund von Jannek, 21 Jahre alt, junger Polizist, Sohn von Polizeimeister Hempel, wohnt noch zu Hause bei den Eltern, ist seit Langem in Rike verliebt, möchte den Mordfall aufklären

Janneks Mutter
lebt mit Jannek in Pinzlau, hat ein schwieriges Verhältnis zu Hanne

Hanne Jensen
Oma von Jannek, Mutter von Janneks Mutter

Rike Steinmann
16 Jahre alt, Schülerin, Vegetarierin, möchte Floristin werden, fährt gerne Fahrrad, lebt mit ihrem Vater am Waldrand, gilt im Dorf mit ihrer Familie als Außenseiterin, möchte herausfinden, dass ihre Mutter unschuldig am Tod von Schelk ist

Heinz Jensen (†)
Opa von Jannek, Vater von Janneks Mutter, vor einem halben Jahr verstorben, im Dorf sehr geachtet

Janneks Vater (†)
lange unbekannt

Regina
Dorfbewohnerin mit hoher Stimme, sehr neugierig

Sabine
Barfrau im Dorfkrug, war bei dem Streit vor fünf Jahren dabei

Frank Schelk (†)
ehemaliger Schulfreund von Dietmar und Marianne Hempel und Janneks Mutter, hat Frauengeschichten, ist Assistent von Schwericke, kommt vor fünf Jahren in Ribberow zu Tode und wird im Dorfteich versenkt

Andreas Knuse
Spitzname »Knubs«, Dorfbewohner, sitzt oft im Dorfkrug, ist mit Schelk in der Abschlussklasse 1983

Schwericke
ehemaliger LPG-Beauftragter, arbeitete mit Schelk früher zusammen, hat jetzt einen großen Bio-Bauernhof

Nicole
ehemalige Verlobte von Schelk, kommt wieder nach Ribberow zu Besuch

Lesezeichen und Zeilometer

Dieses Lesezeichen hilft dir, einzelne Textstellen zu finden oder dich mit deinen Mitschülerinnen und Mitschülern über bestimmte Textstellen zu unterhalten: Lege dazu einfach das Zeilometer an den oberen Buchrand. Die Zahlen sind dann die jeweiligen Zeilen. Natürlich kannst du dein Zeilometer auch individuell gestalten.

FRANZISKA GEHM
Der Tote im Dorfteich
In Einfacher Sprache
Einfache Sprache
GULLIVER

1 2 3 4 5 6 7 8 9 10 11 12 13 14 15 16 17 18 19 20 21 22 23

FRANZISKA GEHM
Der Tote im Dorfteich
GULLIVER

1 2 3 4 5 6 7 8 9 10 11 12 13 14 15 16 17 18 19 20 21 22 23 24 25 26 27 28 29 30 31 32

Eine einzelne Hand

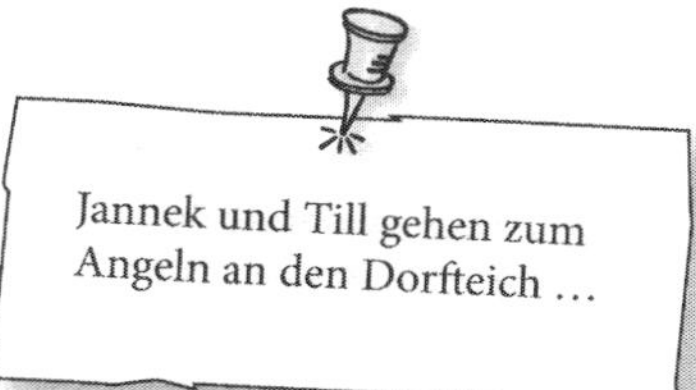

1. Fülle die Lücken in den Sätzen. Die ersten Buchstaben des fehlenden Wortes sind schon da. Unten in den Kästen findest du die Silben der Wörter.

a) Jannek geht in den H__________ in sein früheres Heimatdorf Ribberow, um seine Oma zu besuchen.

b) Er trifft Till, mit dem er f__________ als Kind eng befreundet war.

c) Von Hanne wird Jannek nicht sehr freundlich b__________.

d) Abends geht Jannek mit Till zum Angeln an den W__________.

e) Jannek angelt eine M__________ aus dem Teich.

f) Im Wasser sehen sie ein S__________.

g) Till und Jannek sind g__________ und rufen die Polizei.

h) Die Polizisten b__________ die beiden Jungs und sperren den Dorfteich ab.

i) Tills Vater ist v__________, dass Till und Jannek die Kriminalpolizei aus Sandemünde gerufen haben.

gen – fra – be ● her – Wei ● her – frü ● schen – Men – hand ● en – Herbst – ri – fe
grüßt – be ● schockt – ge ● är – ver – gert ● lett – Ske

2. Wähle eine Lieblingsstelle aus den beiden Kapiteln aus. Schreibe sie in dein Heft oder Lesetagebuch ab. Was gefällt dir daran? Begründe.

3. In den ersten beiden Kapiteln lernst du Jannek, Till und Rike kennen.

a) Lies die Satzteile aufmerksam und verbinde sie mit der passenden Person.

	●	fährt Auto.
Till ●	●	wohnt am Waldrand.
	●	besucht seine Oma in Ribberow.
	●	ist ein alter Kinderfreund von Jannek.
Jannek ●	●	wohnt schon lange nicht mehr in Ribberow.
	●	ist Vegetarierin.
	●	ist ausgebildeter Polizist.
Rike ●	●	geht noch zur Schule.
	●	fährt gerne schnell Fahrrad.

b) Schreibe zu jeder Figur zwei Sätze in dein Heft oder Lesetagebuch.

Eine einzelne Hand

Jannek und Till gehen zum Angeln an den Dorfteich …

1. Schreibe die Inhaltsangabe in dein Heft oder deinen Leseordner und fülle die Lücken.

Jannek geht in den __ in sein ehemaliges Heimatdorf Ribberow, um seine Großmutter Hanne zu besuchen. Kurz vor dem Dorf wird er von Till, seinem Freund aus Kindertagen, überholt, der mittlerweile __ im Dorf ist. Beide freuen sich über ihr Wiedersehen. Anschließend wird Jannek nicht sehr freundlich von Hanne __. Jannek geht gegen Abend mit Till zum Angeln an den __. Auf dem Weg dorthin treffen sie Rike, die mit dem __ unterwegs ist. Jannek findet sie __. Beim Angeln spürt Jannek dann einen Widerstand, er reißt an der Angel und holt eine skelettierte __ heraus. Unter der __ entdecken beide schemenhaft ein Skelett. Sie sind __ und benachrichtigen die Polizei. Die Polizisten aus Sandemünde kommen zum Weiher, __ die beiden, sichern die Hand und sperren den Dorfteich ab. Tills Vater ist __, dass Till und Jannek die Kripobereitschaft eingeschaltet haben.

Tipp: Aus diesen Silben bestehen die Lückenwörter. Zwei Silben bleiben übrig. Mit ihnen kannst du ein Wort bilden, das zum Buch passt.
är • be • be • ber • che • Dorf • en • Fahr • fe • flä • fra • ge • gen • gert • grüßt • hand • Herbst • in • li • Men • ne • o • Po • rad • res • ri • sant • schen • Scheu • schockt • ser • teich • te • ver • Was • zist

2. In den ersten beiden Kapiteln des Romans erfahrt ihr einiges über die Hauptfiguren Jannek, Till und Rike.

a) Wählt in Gruppen eine der drei Figuren aus und sucht in den ersten beiden Kapiteln Informationen über sie (z. B. äußere Merkmale, innere Merkmale, Handlungsmotive). Markiert im Buch passende Textstellen.

b) Gestaltet mit diesen Informationen einen Figurenumriss auf Tapete oder einen Steckbrief.

c) Wie sympathisch ist euch die jeweilige Figur? Was findet ihr an eurer Figur interessant oder störend?
Sprecht darüber in der Klasse und begründet eure Meinung.

Tipp: Dazu findet ihr im Text Angaben:
- Äußere Merkmale: Körpergröße, Aussehen, Kleidung
- Innere Merkmale: Eigenschaften, Charakterzüge, Eigenheiten
- Weitere Aspekte: Alter, familiäre Situation, Freundschaften, Handlungsmotive

3. Im zweiten Kapitel treffen Jannek und Till mit Rike zusammen. Stellt die Szene im Rollenspiel dar.

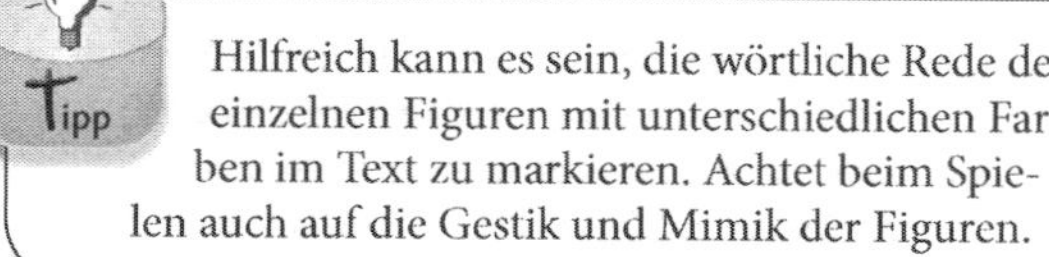

Tipp: Hilfreich kann es sein, die wörtliche Rede der einzelnen Figuren mit unterschiedlichen Farben im Text zu markieren. Achtet beim Spielen auch auf die Gestik und Mimik der Figuren.

für Profis: Versucht, die Szene anders zu spielen und einen harmonischeren, streitsüchtigeren oder für euch realeren Gesprächsverlauf darzustellen.

4. Franziska Gehm benutzt zahlreiche Sprachbilder, z. B. Vergleiche (»Wie der Panzer einer Riesenschildkröte«, S. 16). Finde mindestens fünf Vergleiche und schreibe sie in deinen Leseordner. Versuche nun, sie umzuformulieren. Stelle deine Vergleiche der Klasse vor.

Tipp: Vergleiche erkennt ihr an den Wörtchen »wie« oder »als«. Sprachbilder, bei denen diese Wörter fehlen, nennt man »Metaphern«.

Eine einzelne Hand

Jannek und Till gehen zum Angeln an den Dorfteich …

1. Schreibe die Inhaltsangabe in dein Heft oder deinen Leseordner und fülle die Lücken.

Jannek geht in den __ in sein ehemaliges Heimatdorf Ribberow, um seine __ Hanne zu besuchen. Kurz vor dem Dorf wird er von Till, seinem Freund aus Kindertagen, überholt, der mittlerweile __ im Dorf ist. Beide freuen sich über ihr Wiedersehen. Anschließend wird Jannek nicht sehr freundlich von Hanne __. Jannek geht gegen Abend mit Till zum Angeln an den __. Auf dem Weg dorthin treffen sie Rike, die mit dem __ unterwegs ist. Jannek findet sie __. Beim Angeln spürt Jannek dann einen Widerstand, er reißt an der Angel und holt eine skelettierte __ heraus. Unter der __ entdecken beide schemenhaft ein Skelett. Sie sind __ und benachrichtigen die Polizei. Die Polizisten aus __ kommen zum Weiher, __ die beiden, sichern die Hand und sperren den Dorfteich ab. Tills Vater ist __, dass Till und Jannek die Kripobereitschaft eingeschaltet haben.

2. In den ersten beiden Kapiteln des Romans erfahrt ihr einiges über die Hauptfiguren Jannek, Till und Rike.

a) Wählt in Gruppen eine der drei Figuren aus und sucht in den ersten beiden Kapiteln Informationen über diese Figur (z. B. äußere Merkmale, innere Merkmale, Handlungsmotive). Markiert im Buch passende Textstellen.

b) Gestaltet mit diesen Informationen einen Figurenumriss auf Tapete oder einen Steckbrief.

c) Wie sympathisch ist euch die jeweilige Figur? Was findet ihr an eurer Figur interessant oder störend? Sprecht darüber in der Klasse und begründet eure Meinung.

3. Im zweiten Kapitel treffen Jannek und Till mit Rike zusammen. Stellt die Szene im Rollenspiel dar.

für Profis: Vielleicht könnt ihr die Szene auch in Alter-Ego-Technik darstellen. Dabei wird jede Figur von zwei Darstellern verkörpert. Ein Schüler stellt dar, was die Figur sagt und macht, der andere Schüler stellt dar, was diese Figur denkt.

Versucht, die Szene anders zu spielen und einen harmonischeren, streitsüchtigeren oder für euch realeren Gesprächsverlauf darzustellen.

4. Franziska Gehm benutzt zahlreiche Sprachbilder, z. B. Vergleiche (»Wie der Panzer einer Riesenschildkröte«, S. 16). Finde mindestens fünf Vergleiche und schreibe sie in deinen Leseordner. Versuche nun, sie umzuformulieren. Stelle deine Vergleiche der Klasse vor.

Vergleiche erkennt ihr an den Wörtchen »wie« oder »als«. Sprachbilder, bei denen diese Wörter fehlen, nennt man »Metaphern«.

5. Jannek besucht seine Oma in Ribberow, einem kleinen Dorf.

a) Welche Gefühle bezüglich seines Besuches und bezüglich des Lebens auf dem Dorf hat er? Finde im Text Stellen, die dir dazu Informationen geben.

b) Lebst du in der Stadt oder auf dem Dorf? Was findest du jeweils gut oder schlecht daran? Könntest du dir vorstellen, auch woanders zu leben?

c) Schreibe einen Text, der die Situation von Jannek (vgl. a) und deine eigenen Sichtweisen und Erfahrungen (vgl. b) darstellt.

»Konnte das Zufall sein?«

Hanne reagiert seltsam, als Jannek ihr vom Toten im Dorfteich erzählt.

1. Überlege dir mögliche Fragen zu den vorgegebenen Antworten und schreibe beides jeweils in dein Heft oder deinen Leseordner.

a) Am Weiher ist schon das halbe Dorf versammelt und sieht zu, wie die Polizei die Beweise sichert.

b) Till sagt ihm, dass der Tote mit einem Seil auf einen Pflug festgebunden war.

c) Er findet in der Scheune den Pflug, dessen anderer Teil im Weiher lag.

2. Im Dorfkrug sprechen Jannek und Till über Rike und ihre Familie.

a) Lies das Gespräch auf den Seiten 25/26. Markiere das, was Till sagt, mit Rot, und das, was Jannek sagt, mit Grün.

b) Was sagt Till genau? Kreuze an, ob die folgenden Sätze richtig oder falsch sind.

	richtig	falsch
Rikes Mutter hat vor fünf Jahren Selbstmord begangen.	○	○
Man weiß bis heute nicht, wie sie sich das Leben genommen hat.	○	○
Rikes Vater hat sie gefunden.	○	○
Till meint, dass Rike die einzige Normale in ihrer Familie ist.	○	○

c) Wer ist der Tote im Dorfteich? Wie könnte er damals zu Tode gekommen sein? Sprecht darüber in der Klasse. Schreibe dann deine Vermutungen in einigen Sätzen auf.

3. Stellt in Partnerarbeit eine der beiden Szenen in mindestens vier Standbildern dar:
- Rike und Jannek treffen sich bei der Apotheke und machen ein Rennen auf dem Fahrrad.
- Jannek geht in die Scheune, entdeckt den Pflug und begegnet auf dem Hof seiner Oma.

Lest eure Szene und überlegt euch Textstellen, zu denen ein Standbild gut passt. Sammelt in der Gruppe gemeinsam Ideen für die Körperhaltung, Gestik und Mimik der Figuren. Notiert die Stellen im Text. Erraten die Mitschüler bei der Vorführung in der Klasse die Textstelle, die ihr darstellt?

4. Die Kapitel haben keine Text-Überschriften. Ordne den ersten vier Kapiteln eine passende Überschrift zu. Schreibe so in dein Heft oder deinen Leseordner: *Kapitel 1:* _______

Eine Sensation für das Dorf und ein Radrennen	Janneks Ankunft in Ribberow	Das Dartspiel	Der grausige Fund im Dorfteich
Jannek und Till angeln	Bei der Apotheke	Der Bauernhof mit dem dunklen Flur	Ein besonderer Pflug in der Scheune

»Konnte das Zufall sein?«

Hanne reagiert seltsam, als Jannek ihr vom Toten im Dorfteich erzählt.

1. Überlege dir mögliche Fragen zu den vorgegebenen Antworten und schreibe beides jeweils in dein Heft oder deinen Leseordner.

Tipp

Mögliche Fragen (zwei bleiben übrig, kennst du die Antworten?):

- Was erfährt Jannek von Till am Telefon?
- Wie schafft es Jannek, in die Scheune von Hanne zu kommen?
- Was sieht Jannek, als er am Morgen zum Weiher kommt?
- Wie geht das Radrennen zwischen Rike und Jannek aus?
- Was findet Jannek in Hannes Scheune?
- Wie reagiert Hanne, als sie Jannek aus der Scheune kommen sieht?

a) Am Weiher ist schon das halbe Dorf versammelt und sieht zu, wie die Polizei die Beweise sichert.

b) Obwohl sich Jannek sehr anstrengt, gewinnt Rike das Rennen.

c) Till sagt ihm, dass der Tote auf einen Pflug mit Seilen festgebunden worden war.

d) Er findet in der Scheune den Pflug, dessen anderer Teil im Weiher an der Leiche lag.

2. Im Dorfkrug besprechen Jannek und Till, was damals passiert sein könnte.

a) Lies den Dialog auf den Seiten 43 bis 47 und markiere das, was Till sagt, mit Rot, und das, was Jannek sagt, mit Grün.

b) Trage in eine Tabelle stichwortartig Fakten (das, was man bisher sicher über den Fall weiß) und Vermutungen der beiden ein.

Fakten	Vermutungen

c) Was meinst du: Wer könnte der Tote im Dorfteich sein? Wie könnte er damals zu Tode gekommen sein? Wer könnte der Mörder sein? Schreibe darüber einige Sätze in dein Heft oder Lesetagebuch.

3. Stellt in Partnerarbeit eine der Szenen in mindestens sechs Standbildern dar:

- Rike und Jannek treffen sich bei der Apotheke und machen ein Rennen.
- Till und Jannek besprechen sich im Dorfkrug.
- Jannek geht in die Scheune und begegnet anschließend auf dem Hof seiner Oma.

Tipp

Lest dazu eure Szene aufmerksam und überlegt euch Textstellen, zu denen ein Standbild besonders gut passt. Sammelt in der Gruppe gemeinsam Ideen für die Körperhaltung, Gestik und Mimik der einzelnen Figuren. Notiert euch die Stellen im Text. Denkbar ist, dass die Mitschüler bei der Vorführung in der Klasse die Textstelle, die ihr darstellt, erraten müssen.

4. Die einzelnen Kapitel haben keine Überschriften. Überlege dir für die ersten vier Kapitel eine treffende Überschrift.

Tipp

Die **Überschrift** soll die wichtigsten Inhalte des Kapitels gut zusammenfassen und die Leser motivieren, das Kapitel zu lesen.

»Konnte das Zufall sein?«

Hanne reagiert seltsam, als Jannek ihr vom Toten im Dorfteich erzählt.

1. Vervollständige die Antworten und überlege dir mögliche Fragen dazu. Schreibe beides jeweils in dein Heft oder deinen Leseordner.

a) Am Weiher ist schon das halbe Dorf versammelt und sieht zu, wie ...

b) Obwohl sich Jannek sehr anstrengt, gewinnt ...

c) Till sagt ihm, dass der Tote auf einen Pflug mit Seilen ...

d) Er findet in der Scheune den Pflug, dessen anderer Teil ...

e) Er schiebt eine Holzlatte auf die Seite und ...

f) Sie sieht ihn regungslos an und geht dann ...

2. Im Dorfkrug besprechen Jannek und Till, was damals passiert sein könnte.

a) Trage in eine Tabelle stichwortartig Fakten (das, was man bisher sicher über den Fall weiß) und Vermutungen der beiden ein.

Fakten	Vermutungen

b) Was meinst du: Wer könnte der Tote im Dorfteich sein? Wie könnte er damals zu Tode gekommen sein? Wer könnte der Mörder sein?

Schreibe einen Text in dein Heft oder Lesetagebuch, der die Fakten, die Vermutungen von Jannek und Till und deine eigenen Überlegungen darstellt.

3. Stellt in Partnerarbeit eine der Szenen in mindestens sechs Standbildern dar:
- Rike und Jannek treffen sich bei der Apotheke und machen ein Rennen.
- Till und Jannek besprechen sich im Dorfkrug.
- Jannek geht in die Scheune und begegnet anschließend auf dem Hof seiner Oma.

Tipp: Lest dazu eure Szene aufmerksam und überlegt euch Textstellen, zu denen ein Standbild besonders gut passt. Sammelt in der Gruppe gemeinsam Ideen für die Körperhaltung, Gestik und Mimik der einzelnen Figuren. Notiert euch die Stellen im Text. Denkbar ist, dass die Mitschüler bei der Vorführung in der Klasse die Textstelle, die ihr darstellt, erraten müssen.

4. Die einzelnen Kapitel haben keine Überschriften. Überlege dir für die ersten vier Kapitel jeweils zwei treffende Überschriften.

Die **Überschrift** soll die wichtigsten Inhalte des Kapitels gut zusammenfassen und die Leser motivieren, das Kapitel zu lesen.

5. Jannek findet in der Scheune einen altertümlichen Ackerpflug. Warum macht ihn der Fund so betroffen?

6. Jannek überlegt, was er mit der Information über den Fund in der Scheune macht.

a) Wozu entscheidet er sich?

b) Kannst du seine Entscheidung nachvollziehen? Wie hättest du dich in seiner Situation verhalten? Schreibe einen kurzen Text, der Janneks Überlegungen und deine Sichtweise und die Begründung dafür darstellt.

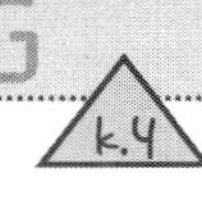

»Aber nicht beliebt«

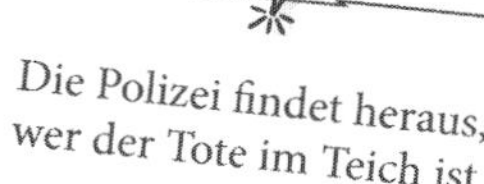

Die Polizei findet heraus, wer der Tote im Teich ist.

1. Verbinde die passenden Satzteile miteinander. Schreibe die Sätze anschließend in der richtigen Reihenfolge in dein Heft oder Lesetagebuch.

1. Till besucht mittags Jannek zu Hause und … ●	● … dass Schelk von Geschäftspartnern ermordet wurde.
2. Rike erzählt Jannek von ihrer Mutter und deren Selbstmord, … ●	● … reagiert sie geschockt.
3. Abends berichtet Dietmar Hempel, dass Schelk damals nicht beliebt war, er vermutet, … ●	● … erzählt ihm von den Ermittlungsergebnissen der Polizei.
4. Das Opfer ist Frank Schelk, er wurde vor fünf Jahren … ●	● … der aus Schrott Kunstobjekte gestaltet.
5. Bei Rike zu Hause lernt Jannek Robert Steinmann kennen, … ●	● … er fühlt sich von Rike angezogen.
6. Als Jannek seiner Mutter am Telefon die Neuigkeiten erzählt, … ●	● … auf den Pflug gebunden und im Dorfteich versenkt.

2. Jannek telefoniert in Kapitel 5 mit seiner Mutter.

a) Lies das Gespräch auf den Seiten 32/33. Markiere das, was Jannek sagt, mit Grün, und das, was seine Mutter sagt, mit Gelb.

b) Im Text steht an einer Stelle: »Jannek erzählte seiner Mutter, was geschehen war.« Was könnte Jannek an dieser Stelle seiner Mutter erzählen? Schreibe einige Sätze in deinem Heft oder Lesetagebuch auf.

c) Spielt nun das Telefonat im Rollenspiel. Ein Mitschüler spricht den Erzähler. Versucht, dieses Gespräch möglichst realistisch zu spielen.

3. In Kapitel 6 trifft Jannek Rike und geht mit ihr zu ihr nach Hause.

a) Lies diese Szene (Seite 37 bis Seite 42 oben) und markiere mit Textmarker, was Jannek sagt, mit Grün, und das, was Rike sagt, mit Blau.

b) Suche nach Textstellen, die zeigen, was Rike bzw. Jannek gerade fühlen. Unterstreiche dabei diese Textstellen.

c) Finde zu jeder Textstelle ein passendes Gefühlswort und schreibe es an den Textrand.

Tipp

aggressiv • ängstlich • ärgerlich • ehrlich • entschlossen • erfreut • erleichtert • freundlich • gastfreundlich • gespannt • glücklich • hilfsbereit • höflich • interessiert • lustig • mitfühlend • mutig • neugierig • offen • skeptisch • spontan • überrascht • unsicher • verärgert • verlegen • verliebt • verschämt • vertraut • verzweifelt • vorsichtig • wütend

d) Sprecht in der Gruppe oder Klasse darüber, welche Textstellen und welche Gefühlsworte ihr gefunden habt.

»Aber nicht beliebt«

Die Polizei findet heraus, wer der Tote im Teich ist.

1. Verbinde die passenden Satzteile miteinander. Schreibe die Sätze anschließend in der richtigen Reihenfolge in dein Heft oder Lesetagebuch und ergänze dabei die Lücken.

Till besucht mittags Jannek zu Hause und ...	dass Schelk von __ ermordet wurde.
Rike erzählt Jannek von ihrer Mutter und deren __, ...	reagiert sie geschockt.
Abends berichtet Dietmar Hempel, dass Schelk damals nicht __ war, er vermutet, ...	erzählt ihm von den Ermittlungsergebnissen der __.
Das Opfer ist Frank __, er wurde vor fünf Jahren, nachdem er gestorben war, ...	der aus __ Kunstobjekte gestaltet.
Bei Rike zu Hause lernt Jannek Robert __ kennen, ...	er fühlt sich von Rike angezogen.
Als Jannek seiner Mutter am __ die Neuigkeiten erzählt, ...	auf den __ gebunden und im Dorfteich versenkt.

für Profis: Bilde eigene Lücken-Sätze zu den Kapiteln 5 und 6, vermische die Satzteile und lasse deine Mitschüler die Sätze zusammensetzen.

2. Nun habt ihr schon vieles über die Tat, den Fund und die Lebensgeschichte des Toten erfahren.

a) Bringt die wichtigsten Informationen, die ihr erhalten habt, in eine zeitliche Reihenfolge und stellt dies in Form einer Zeitleiste dar.

b) Präsentiert diese Zeitleiste der Klasse.

Tipp: Berücksichtigt
- die Aussagen von Dietmar Hempel über Schelk
- die Tat selbst
- den Fund
- die Ermittlungen

3. Am Ende von Kapitel 6 kommt es zum Streit zwischen Jannek und Till.

a) Was ist die Ursache des Streites?

b) Was wirft Till Jannek vor? Findest du seinen Vorwurf berechtigt? Begründe deine Meinung und sprecht in der Klasse darüber.

4. Stell dir vor, Jannek würde anschließend in sein Tagebuch schreiben, was er seit seiner Ankunft in Ribberow alles erlebt hat. Schreibe Janneks Tagebucheintrag. Versuche darin auch zu beschreiben, wie die Ereignisse auf ihn wirken und welche Vermutungen er zum Tatablauf und zu dem Täter haben könnte.

Tipp: So kannst du beginnen.
Seit drei Tagen bin ich nun in Ribberow. Eigentlich dachte ich, das werden total langweilige Herbstferien. Doch keine Spur von Langeweile. Angefangen hat alles damit, dass Till und ich am Sonntagabend noch zum Angeln an den Dorfteich gegangen sind ...

»Aber nicht beliebt«

1. Verbinde die passenden Satzteile miteinander. Schreibe die Sätze anschließend in der richtigen Reihenfolge in dein Heft oder Lesetagebuch und ergänze dabei die Lücken.

Till besucht mittags Jannek zu Hause und ... ●	● dass Schelk von __ ermordet wurde.
Rike erzählt Jannek von ihrer Mutter und deren __, ... ●	● reagiert sie geschockt.
Abends berichtet Dietmar Hempel, dass Schelk damals nicht __ war, er vermutet, ... ●	● erzählt ihm von den Ermittlungsergebnissen der __.
Vor dem Dorfladen erfährt Jannek, dass ... ●	● reagiert Till gereizt und braust mit seinem __ davon.
Das Opfer ist Frank __, er wurde vor fünf Jahren, nachdem er gestorben war, ... ●	● der aus __ Kunstobjekte gestaltet.
Bei Rike zu Hause lernt Jannek Robert __ kennen, ... ●	● er fühlt sich von Rike angezogen.
Als Jannek Till berichtet, dass er Rike besucht hat und auch __ kennen lernen durfte, ... ●	● einige Dorfbewohner Rikes Vater für den __ halten.
Als Jannek seiner Mutter am __ die Neuigkeiten erzählt, ... ●	● auf den __ gebunden und im Dorfteich versenkt.

Bilde eigene Lücken-Sätze zu den Kapiteln 5 und 6, vermische die Satzteile und lasse deine Mitschüler die Sätze zusammensetzen.

2. Nun habt ihr schon vieles über die Tat, den Fund und die Lebensgeschichte des Toten erfahren.

a) Bringt alle wichtigen Informationen, die ihr erhalten habt, in eine zeitliche Reihenfolge und stellt dies in Form einer Zeitleiste dar (entweder auf einem Plakat oder digital).

b) Präsentiert diese Zeitleiste der Klasse.

3. Am Ende von Kapitel 6 kommt es zum Streit zwischen Jannek und Till. Was ist die Ursache des Streites und was wirft Till Jannek vor? Findest du seinen Vorwurf berechtigt? Hast du eine Vermutung, weshalb Till so gereizt reagiert? Verfasse einen Text, der deine Einschätzungen darstellt und deine Meinung begründet.

4. Stell dir vor, Jannek würde anschließend in sein Tagebuch schreiben, was er seit seiner Ankunft in Ribberow erlebt hat. Schreibe seinen Tagebucheintrag. Versuche darin auch darzustellen, wie die Ereignisse auf ihn wirken und welche Vermutungen er zum Tatablauf und zum Täter haben könnte.

Tipp

So kannst du beginnen.

Seit drei Tagen bin ich nun in Ribberow. Eigentlich dachte ich, das werden total langweilige Herbstferien. Doch keine Spur von Langeweile. Angefangen hat alles damit, dass Till und ich am Sonntagabend noch zum Angeln an den Dorfteich gegangen sind ...

Er konnte charmant sein

1. Wer sagt das? Schreibe zu den Zitaten den Namen der betreffende Figur und die Textstelle (Seitenzahl, Zeile).

a) Ich habe mich sofort in Rike verliebt.	b) Ich habe etwas gefunden. Bei uns in der Scheune.	c) Keine Ahnung. Kann vor fünf Jahren gewesen sein, oder vor sieben.
d) Hast du es ihr gesagt?	e) Er konnte charmant sein.	f) Ich wusste nicht, dass Schelk auch in der Band war.

2. Am Weiher erzählt Till zuerst Jannek die ganze Geschichte von Rike und ihm.
Bringe die Sätze mit Zahlen in die richtige Reihenfolge. Schreibe sie dann in dein Heft.

☐ Jetzt, sechs Jahre später, kommt Jannek ins Dorf und Rike verliebt sich in Jannek.	☐ Till lädt sie immer wieder ein, mit ihm etwas zu unternehmen.
☐ Aber Rike geht nicht darauf ein.	☐ Till verliebt sich dann sofort in sie.
☐ Als Till 15 Jahre alt ist, zieht Rike mit ihrer Familie ins Dorf.	☐ Till bringt Rike einmal Blumen, aber Rike macht nicht die Tür auf.

3. Till und Jannek stecken nach dem Gespräch in einer schwierigen Situation.

a) Wie wollen sie damit umgehen, dass beide Rike sehr mögen? Wie findest du ihre Lösung? Schreibe deine Meinung auf und begründe sie.

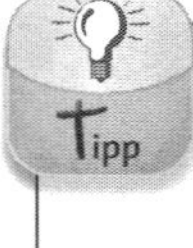

An Tills/Janneks Stelle hätte ich …; Ich wäre …; Ich würde an seiner Stelle …; Wenn ich Till/Jannek wäre, könnte ich …

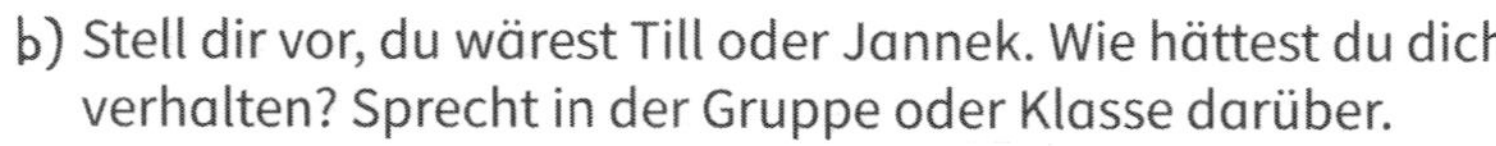

b) Stell dir vor, du wärest Till oder Jannek. Wie hättest du dich verhalten? Sprecht in der Gruppe oder Klasse darüber.

4. Jannek und Till fahren zur Schule nach Großkumerow und zur Bibliothek nach Sandemünde.

a) Was erfahren sie wo? Verbinde.

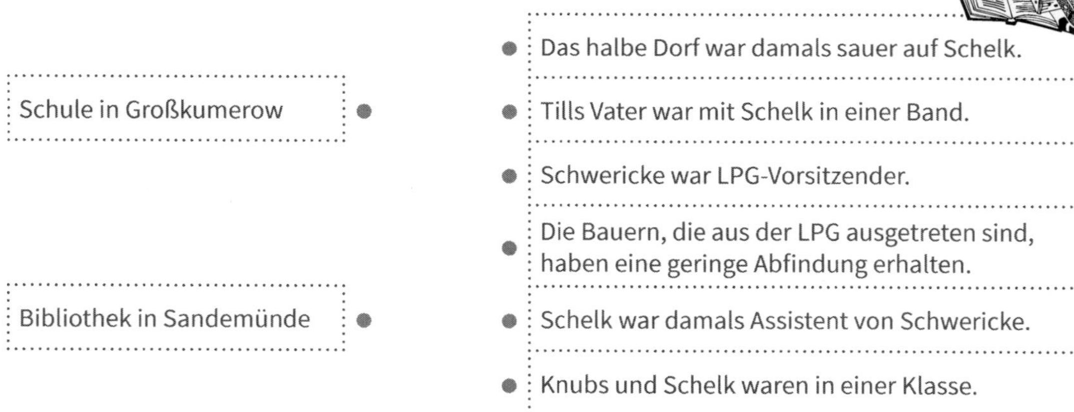

	Das halbe Dorf war damals sauer auf Schelk.
Schule in Großkumerow	Tills Vater war mit Schelk in einer Band.
	Schwericke war LPG-Vorsitzender.
	Die Bauern, die aus der LPG ausgetreten sind, haben eine geringe Abfindung erhalten.
Bibliothek in Sandemünde	Schelk war damals Assistent von Schwericke.
	Knubs und Schelk waren in einer Klasse.

b) Schreibe jeweils zwei Sätze in dein Heft oder Lesetagebuch.

Er konnte charmant sein

1. Wer sagt das? Schreibe zu den Zitaten in dein Heft oder deinen Leseordner den Namen der betreffenden Figur und die Textstelle (Seitenzahl, Zeile).

a) Ich habe mich sofort in sie verknallt.	b) Hast du es ihr gesagt?	c) Ich habe etwas gefunden. Bei uns in der Scheune auf dem Hof.	d) Er konnte charmant sein.
e) Nun lass den Schelk mal in Ruhe.	f) Keene Ahnung. Kann vor fünf Jahren jewesen sein, oder vor sieben.	g) Aber ich wusste nicht, dass Schelk auch in der Band war.	h) An seiner Stelle hätte ich mich lieber vom Dorf ferngehalten.

2. Am Weiher erzählt Till seinem Freund Jannek die ganze Geschichte von Rike und ihm.

a) Bringe die Sätze in die richtige Reihenfolge, indem du sie nummerierst.

☐ Jetzt, sechs Jahre später, kommt Jannek ins Dorf und Rike verliebt sich in Jannek.	☐ Eines Tages bringt Till Rike Blumen, aber sie macht die Tür nicht auf.
☐ Till lädt sie immer wieder ein, mit ihm etwas zu unternehmen.	☐ Als Till 15 Jahre alt ist, zieht Rike mit ihrer Familie ins Dorf.
☐ Aber Rike geht nicht darauf ein.	☐ Till verliebt sich dann sofort in sie.

b) Schreibe die Sätze in der richtigen Reihenfolge in dein Heft oder Lesetagebuch.

3. Till und Jannek stecken nach dem Gespräch am Weiher in einer schwierigen Situation.

a) Wie wollen sie damit umgehen, dass beide Rike sehr mögen? Wie findest du ihre Lösung? Schreibe deine Meinung auf und begründe sie.

b) Stell dir vor, du wärest Till oder Jannek. Wie hättest du dich verhalten? Sprecht in der Gruppe oder Klasse darüber.

An Tills/Janneks Stelle hätte ich …; Ich wäre …; Ich würde an seiner Stelle …

4. Jannek und Till fahren zur Schule nach Großkumerow und zur Bibliothek nach Sandemünde.

a) Was erfahren sie wo? Verbinde.
Achtung: Eine Aussage passt nicht.

- Schule in Großkumerow ●
- Bibliothek in Sandemünde ●

- ● Das halbe Dorf war damals sauer auf Schelk.
- ● Tills Vater war mit Schelk in einer Band.
- ● Schwericke war LPG-Vorsitzender.
- ● Schelk hatte Schulden bei einigen Bauern.
- ● Die Bauern, die aus der LPG ausgetreten sind, haben eine geringe Abfindung erhalten.
- ● Schelk war damals Assistent von Schwericke.
- ● Knubs und Schelk waren in einer Klasse.

b) Schreibe jeweils zwei Sätze in dein Heft oder Lesetagebuch.

Er konnte charmant sein

1. Wer sagt das? Ergänze die Zitate und schreibe zu den Zitaten in dein Heft oder deinen Leseordner die betreffende Figur und die Textstelle (Seitenzahl, Zeile).

a) Ich habe mich ___ in sie verknallt.	b) Hast du es ihr gesagt?	c) Ich habe etwas gefunden. Bei uns in der ___ auf dem Hof.	d) Er konnte charmant sein.
e) Nun lass den Schelk mal in ___.	f) Keene ___. Kann vor fünf Jahren jewesen sein, oder vor sieben.	g) Aber ich wusste nicht, dass Schelk auch in der ___ war.	h) An seiner Stelle hätte ich mich lieber vom ___ ferngehalten.

2. Am Weiher erzählt Till seinem Freund Jannek die ganze Geschichte von Rike und ihm.

a) Bringe die Sätze in die richtige Reihenfolge.

☐ Jetzt, sechs Jahre später, kommt Jannek ins Dorf und Rike verliebt sich in Jannek.	☐ Eines Tages bringt Till Rike Blumen, aber Till macht die Tür nicht auf.
☐ Till lädt sie immer wieder ein, mit ihm etwas zu unternehmen.	☐ Als Till 15 Jahre alt ist, zieht Rike mit ihrer Familie ins Dorf.
☐ Aber Rike geht nicht darauf ein.	☐ Rike verliebt sich in Jannek.
☐ Till verliebt sich dann sofort in sie.	

b) Schreibe nun die Geschichte, die Till erzählt hat, aus Janneks Perspektive auf.

3. Till und Jannek stecken nach dem Gespräch am Weiher in einer schwierigen Situation.

a) Wie wollen sie damit umgehen, dass beide Rike sehr mögen? Beschreibe in einigen Sätzen ihr Problem und ihre Lösung.

b) Wie findest du ihre Lösung? Schreibe deine Meinung auf und begründe sie.

c) Stell dir vor, du wärest Till oder Jannek. Wie hättest du dich verhalten? Sprecht in der Gruppe oder Klasse darüber.

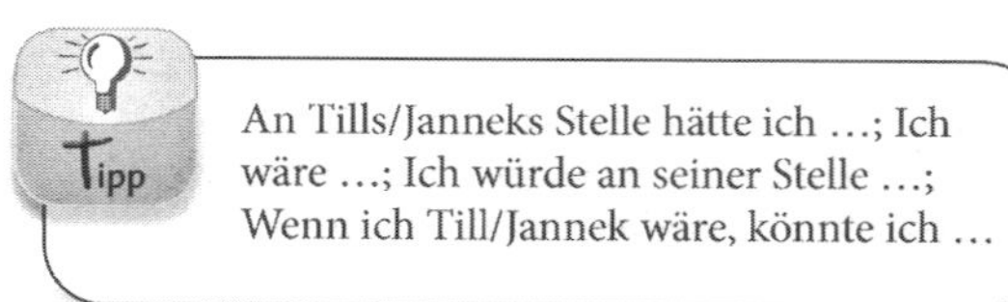

4. Jannek und Till fahren zur Schule nach Großkumerow und zur Bibliothek nach Sandemünde.

a) Was erfahren sie im Schularchiv und in der Bibliothek? Notiere in einer Tabelle die wichtigsten Informationen in Stichworten.

Schularchiv in Großkumerow	Bibliothek in Sandemünde

b) Erstelle ein Referat, das deinen Mitschülern Hintergrundinformationen zur Entstehung, Arbeitsweise und Auflösung der LPGs gibt. Berücksichtige dabei auch, wie sich die Bauern damals jeweils gefühlt haben.

c) Schreibe aus Sicht eines fiktiven Ribberower Bauern einen Brief an Schwericke und Schelk nach der Auflösung der LPG.

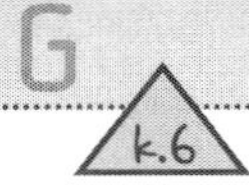

»Du weißt etwas«

Jannek und Till befragen mehrere Dorfbewohner …

1. Welche Aussagen sind richtig (r), welche falsch (f)?

a) Kreuze an und ergänze jeweils den Textbezug (Seite/Zeile).

b) Schreibe anschließend alle richtigen bzw. korrigierten Sätze in dein Heft.

	r	f	Textbezug
Till zieht zum Gespräch mit Schwericke seine Uniform an.	○	○	
Schwericke hat für den Mord an Schenk kein Alibi.	○	○	
Nicole sagt den drei im Dorfkrug, dass das Hotel ein Bordell war.	○	○	
Till und Jannek erfahren von Hanne, dass Rike verschwunden ist.	○	○	

2. Wähle eines der drei Kapitel 9 bis 11 aus.

a) Lies dieses Kapitel. Schreibe dabei kurze Kommentare an den Rand. Das können z. B. Gedanken, Bewertungen, eigene Erfahrungen oder Fragen sein, die du dir beim Lesen stellst.

Tipp

Bevor sie zu Schwericke fuhren, hatte sich Till seine Polizeiuniform angezogen. Auf dem Bio-Bauernhof klopfte Till an die Bürotür. Ein kleiner runder Kopf schoss hinter einem Schreibtisch hoch. »Oh. Hoher Besuch. Der kleine Hempel«, sagte Schwericke. »Polizeimeister Hempel«, berichtigte Till. »Und mein Assistent.« Till deutete auf Jannek.

Hätte ich auch gemacht

Arroganter Typ!

Coole Idee

b) Sprecht (z. B. in Partner- oder Gruppenarbeit) über eure Kommentare und Leseweisen. Wo gibt es Übereinstimmungen? Wo Unterschiede?

3. Till und Jannek befragen einige Personen. Was erfahren sie von wem?

a) Zeichne eine Tabelle in dein Heft oder Lesetagebuch, am besten im Querformat.

b) Ordne die Fakten der jeweiligen befragten Person zu und ergänze die Tabelle.

Schwericke	Nicole	Rike Steinmann	Hanne Jensen	Robert Steinmann	Barfrau Sabine

Schwericke hat Schelk vor fünf Jahren nicht mehr getroffen.	Schelk hat damals bei der LPG-Auflösung mit den Bauern verhandelt.
Rikes Mutter hat Schelk nicht getötet.	Das Hotel war damals eine Art Bordell.
Ein halbes Jahr, nachdem Rikes Mutter im Hotel nach Arbeit gefragt hat, wollte sie abends in den Dorfkrug.	Rikes Mutter ist kurz vor ihrem Tod bei einem Pastor gewesen. Er hat sie zu Dietmar Hempel geschickt.
Nach dem Besuch im Dorfkrug war Rikes Mutter verwirrt.	Die halbe Kneipe war vor fünf Jahren aufgeregt wegen Schelk und Rikes Mutter.
Hanne hat nichts mit dem Mord an Schelk zu tun.	Einige Wochen nach dem Besuch im Dorfkrug hat Rikes Mutter Selbstmord begangen.

»Du weißt etwas«

1. Überprüfe am Text: Welche Aussagen sind richtig (r), welche falsch (f), welche stehen gar nicht im Buch (n)? Kreuze an und ergänze jeweils den Textbezug (Seite/Zeile). Schreibe anschließend alle richtigen bzw. korrigierten Sätze in dein Heft oder Lesetagebuch.

	r	f	n	Textbezug
a) Till zieht zum Gespräch mit Schwericke seine Uniform an.	○	○	○	
b) Schwericke hat für den Mord an Schenk kein Alibi.	○	○	○	
c) Nicole sagt den drei im Dorfkrug, dass das Hotel ein Bordell war.	○	○	○	
d) Das Bordell hieß damals »Havanna«.	○	○	○	
e) Von Robert Steinmann erfahren Till und Jannek, dass Rike verschwunden ist.	○	○	○	
f) Hanne sagt Jannek, dass Rikes Mutter Schelk nicht getötet hat.	○	○	○	

2. Wähle eines der drei Kapitel 9 bis 11 aus.

a) Lies dieses Kapitel noch einmal. Notiere dabei spontan möglichst viele kurze Kommentare an den Textrand. Das können z. B. Bewertungen, Assoziationen, eigene Erfahrungen oder auch Fragen sein, die du dir beim Lesen stellst.

b) Sprecht (z. B. in Partner- oder Gruppenarbeit) über eure individuellen Kommentare und Leseweisen. Wo gibt es Übereinstimmungen? Wo Unterschiede?

3. In den Kapiteln 9 bis 11 befragen Till und Jannek mehrere Personen. Von wem erfahren sie was?

a) Zeichne eine Tabelle in dein Heft oder Lesetagebuch, am besten im Querformat.

b) Trage die wichtigsten Befragungsergebnisse in die Tabelle ein.

Schwericke	Nicole	Rike Steinmann	Hanne Jensen	Robert Steinmann	Barfrau Sabine

Krankenhaus • nicht getötet • andere Frauen • Verhandlungen • abends im Dorfkrug • Selbstmord • Bordell • Aufregung im Dorfkrug • verwirrt • nichts mit Mord zu tun • Besuch beim Pastor

4. Am Ende von Kapitel 11, nach allen Befragungen, hat Jannek offenbar einen Verdacht.

a) Schreibe auf: Was ist passiert, warum musste Schelk sterben und wer hat ihn ermordet?

b) Sprecht in der Gruppe oder Klasse über eure Vermutungen. Was spricht für, was spricht gegen die Vermutungen deiner Mitschüler?

5. Jannek weiß nicht, wer sein Vater ist. Erst im Laufe des Romans bekommt er nur versteckte Hinweise darauf. Finde diese Hinweise und stelle sie in einem kurzen Text dar.

S. 5 – S. 56 – S. 71 – S. 95 – S. 100/101 – S. 103 – S. 115 – S. 122

»Du weißt etwas«

Jannek und Till befragen mehrere Dorfbewohner …

1. Überprüfe am Text: Welche Aussagen sind richtig (r), welche falsch (f), welche stehen gar nicht im Buch (n)? Kreuze an und ergänze jeweils den Textbezug (Seite/Zeile). Schreibe anschließend alle richtigen bzw. korrigierten Sätze in dein Heft oder Lesetagebuch.

	r	f	n	Textbezug
a) Till zieht zum Gespräch mit Schwericke seine Uniform an.	◯	◯	◯	
b) Schwericke hat für den Mord an Schenk kein Alibi.	◯	◯	◯	
c) Nicole sagt den drei im Dorfkrug, dass das Hotel ein Bordell war.	◯	◯	◯	
d) Das Bordell hieß damals »Havanna«.	◯	◯	◯	
e) Von Robert Steinmann erfahren Till und Jannek, dass Rike verschwunden ist.	◯	◯	◯	
f) Hanne sagt Jannek, dass Rikes Mutter Schelk nicht getötet hat.	◯	◯	◯	

2. Wähle eines der drei Kapitel 9 bis 11 aus.

a) Lies dieses Kapitel noch einmal. Notiere dabei spontan möglichst viele kurze Kommentare am Textrand. Das können z. B. Bewertungen, Assoziationen, eigene Erfahrungen oder auch Fragen sein, die du dir beim Lesen stellst.

b) Sprecht (z. B. in Partner- oder Gruppenarbeit) über eure individuellen Kommentare und Leseweisen. Wo gibt es Übereinstimmungen? Wo Unterschiede?

3. In den Kapiteln 9 bis 11 befragen Till und Jannek mehrere Personen. Von wem erfahren sie was?

a) Zeichne eine Tabelle in dein Heft oder Lesetagebuch, am besten im Querformat.

b) Trage die wichtigsten Befragungsergebnisse in die Tabelle ein.

Schwericke	Nicole	Rike Steinmann	Hanne Jensen	Robert Steinmann	Barfrau Sabine

4. Am Ende von Kapitel 11, nach allen Befragungen, hat Jannek offenbar einen Verdacht.

a) Was ist passiert, warum musste Schelk sterben und wer hat ihn ermordet? Stelle deine eigene Theorie zum Fall in einem kurzen Text dar. Begründe sie.

b) Sprecht in der Gruppe oder Klasse über eure Vermutungen. Was spricht für, was spricht gegen die Vermutungen deiner Mitschüler?

5. Jannek weiß nicht, wer sein Vater ist. Erst im Laufe des Romans bekommt er eher versteckte Hinweise darauf.
Finde diese Hinweise im Buch und stelle Janneks Gefühle und Gedanken bezüglich seines Vaters und diese Hinweise auf ihn in einem kurzen Text zusammenfassend dar.

»Wie bei einer Treibjagd«

1. Finde die folgenden Textstellen und erkläre sie mit eigenen Worten:

a) Aber Jannek wollte und konnte jetzt nicht mehr zurück.

b) Jannek sah aber, wie ihr rechtes Bein leicht zitterte.

c) Wer sein Geld durch Arbeit verdiente, war für Schelk ein Idiot.

d) Es war ein Geheimnis, das alle zusammenhielt.

e) Bis auf meine Mutter.

f) Und trotzdem ist jemand schuldig.

g) Er war froh, dass der Moment vorbei war.

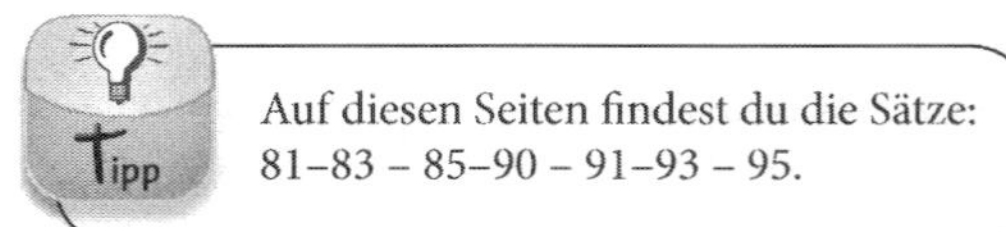

2. Dietmar Hempel erklärt Rike, Jannek und Till, wie es zum Tod von Frank Schelk gekommen ist.

a) Lies die Seiten 87 bis 91 noch einmal durch.

b) Sprecht in der Gruppe bzw. Klasse über den Abend in Ribberow. Klärt im Gespräch, was ihr noch nicht verstanden habt.

c) Schreibe dann einige Sätze über das, was an dem Abend in Ribberow passiert ist und wie Frank Schelk zu Tode gekommen ist.

Tipp

Diese Stichwörter kannst du verwenden:
Dorfkrug • Schelk an der Bar • auf Helena Steinmann abgesehen • angegrapscht • um Hilfe schreien • Schelk wegstoßen • nach draußen • wütende Menge • um sein Leben rennen • Hofeinfahrt • zugemauert • Mauer • auf Stein • Besprechung • Ackerpflug • Weiher • Geheimnis des ganzen Dorfes

3. Was denkst du: Wer ist schuld am Tod von Schelk? Sind für dich die Dorfbewohner Mörder? Begründe deine Meinung.

4. Wie geht es Rike, Jannek und Till in den Kapiteln 12 bis 14?

a) Erstellt in Partnerarbeit eine Stimmungskurve für eine Figur und verseht wichtige Punkte eurer Kurve mit zusammenfassenden Stichworten aus dem Text.

b) Vergleicht die Kurven in der Klasse. Was ist gleich, was ist unterschiedlich? Diskutiert darüber und belegt eure Einschätzungen am Text.

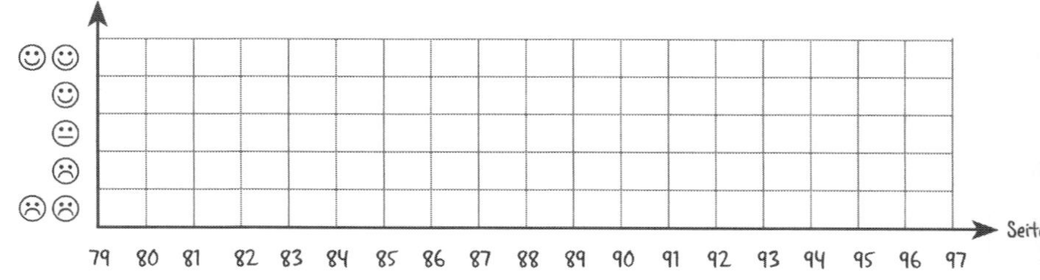

»Wie bei einer Treibjagd«

1. Finde die folgenden Textstellen und erkläre sie mit eigenen Worten:

a) Ich bin ja nicht so der ängstliche Typ, aber ich bekomme gerade eine Gänsehaut.

b) Jannek wollte und konnte jetzt nicht mehr zurückrudern.

c) Für deine Mutter.

d) Es ist interessant, dass gerade du das fragst.

e) Bis auf meine Mutter.

f) Ich hasse Abschiede.

2. In Kapitel 12 ist eine der spannendsten Stellen des Krimis.

a) Erstelle für dieses Kapitel eine stichwortartige Gliederung wie in der Tabelle und finde für jeden Abschnitt eine passende Überschrift.

Seiten	Handlung	Abschnittsüberschrift
S. 142, Z. 7 bis S. 146, Z. 2	Rike, Till und Jannek gehen in den Schuppen, um …	Im Schuppen

Info: Eine **Inhaltsangabe** beschreibt sachlich, objektiv und distanziert den Inhalt eines Romans, eines Kapitels oder auch eines Filmes. Sie konzentriert sich auf wichtige Textaspekte und steht im Präsens. Wörtliche Rede wird in indirekter Rede wiedergegeben.

b) Schreibe nun mithilfe deiner Tabelle eine Inhaltsangabe für das Kapitel.

3. Dietmar Hempel erklärt Rike, Jannek und Till, wie es zum Tod von Frank Schelk gekommen ist.

a) Lies dir das Kapitel 13 noch einmal durch.

Tipp: Diese Stichworte kannst du verwenden:
Dorfkrug • Schelk an der Bar • auf Helena Steinmann abgesehen • angegrapscht • um Hilfe schreien • Schelk wegstoßen • nach draußen • wütende Menge • um sein Leben rennen • Hofeinfahrt • zugemauert • Mauer • auf Stein • Besprechung • Ackerpflug • Weiher • Geheimnis des ganzen Dorfes

b) Schreibe dann mindestens fünf Sätze über das, was an dem Abend in Ribberow passiert ist und wie Frank Schelk zu Tode gekommen ist.

c) Was denkst du: Wer ist schuld am Tod von Schelk? Sind für dich die Dorfbewohner Mörder? Begründe deine Meinung.

4. Wie geht es Rike, Jannek und Till in den Kapiteln 12 bis 14?

a) Erstellt in Partnerarbeit eine Stimmungskurve für mindestens zwei Figuren (verschiedene Farben) und verseht wichtige Punkte eurer Kurve mit zusammenfassenden Schlagworten aus dem Text.

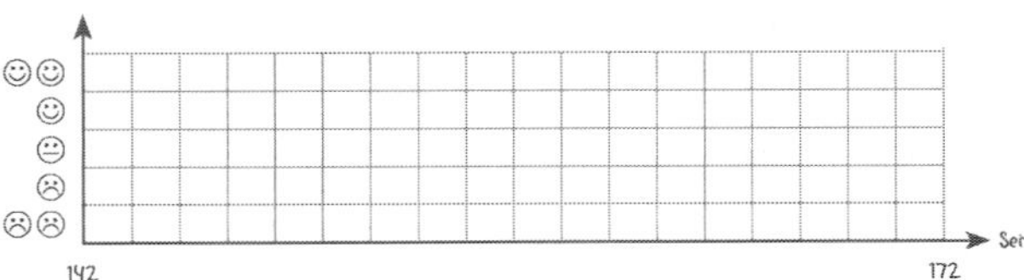

b) Vergleicht die Kurven in der Klasse. Welche Parallelen gibt es, welche Unterschiede? Diskutiert über verschiedene Einschätzungen und belegt sie am Text.

»Wie bei einer Treibjagd«

1. Finde die folgenden Textstellen und erkläre sie mit eigenen Worten:

a) Jannek wollte und konnte jetzt nicht mehr zurückrudern.

b) Für deine Mutter.

c) Es ist interessant, dass gerade du das fragst.

d) Bis auf meine Mutter.

e) Ich hasse Abschiede.

2. In Kapitel 12 ist eine der spannendsten Stellen des Krimis.

a) Erstelle für dieses Kapitel eine stichwortartige Gliederung wie in der Tabelle und finde für jeden Abschnitt eine passende Überschrift.

Seiten	Handlung	Abschnittsüberschrift
S. 142, Z. 7 bis S. 146, Z. 2	Rike, Till und Jannek gehen in den Schuppen, um …	Im Schuppen

Eine **Inhaltsangabe** beschreibt sachlich, objektiv und distanziert den Inhalt eines Romans, eines Kapitels oder auch eines Filmes. Sie konzentriert sich auf wichtige Textaspekte und steht im Präsens. Wörtliche Rede wird in indirekter Rede wiedergegeben.

b) Erstelle nun mithilfe deiner Tabelle eine Inhaltsangabe für das Kapitel.

3. Dietmar Hempel erklärt Rike, Jannek und Till, wie es zum Tod von Frank Schelk gekommen ist. Schreibe mindestens zehn Sätze über das, was an dem Abend in Ribberow passiert ist und wie Frank Schelk zu Tode gekommen ist.

4. Wie geht es Rike, Jannek und Till in den Kapiteln 12 bis 14?

a) Erstellt in Partnerarbeit eine Stimmungskurve für diese drei Figuren (verschiedene Farben) und verseht wichtige Punkte eurer Kurve mit zusammenfassenden Schlagworten aus dem Text.

b) Vergleicht die Kurven in der Klasse. Welche Parallelen gibt es? Welche Unterschiede fallen euch auf? Diskutiert über unterschiedliche Einschätzungen und belegt eure Einschätzungen am Text.

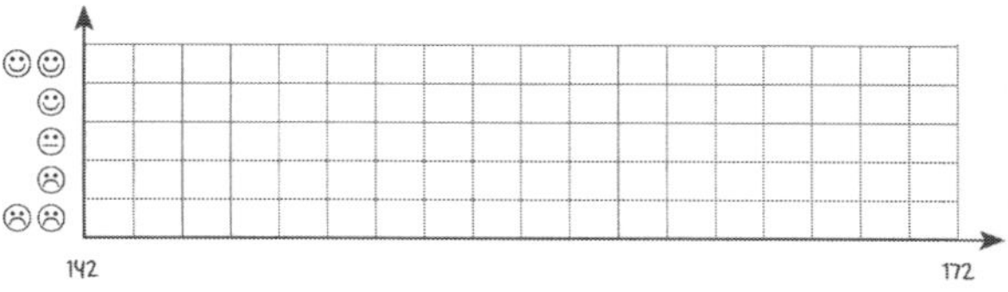

5. Du bist Chefreporter beim »Sandemünder Generalanzeiger« und bekommst den Auftrag, eine Reportage über den Fall in Ribberow zu schreiben.

a) Sammle Stichpunkte für deine Reportage, z. B. in Form einer Liste oder einer Mindmap.

b) Erstelle eine Gliederung deiner Reportage und schreibe jetzt deine Reportage auf.

Eine **Reportage** ist ein Text, der die Leser über bestimmte Inhalte informiert. Er ist so geschrieben, dass die Leser das Gefühl haben, das Erzählte selbst miterlebt zu haben. Eine Reportage arbeitet deshalb oft mit konkreten Beispielen, bildreicher Sprache und auch persönlichen Eindrücken.

Der Fall ist gelöst – Fragen bleiben …

»Ich warte auf dich«

1. Bringe die Satzteile in die richtige zeitliche Reihenfolge und ergänze das jeweilige Subjekt. Schreibe dann die Sätze in der richtigen Reihenfolge auf. Du erhältst eine Inhaltsangabe zum ganzen Roman.

☐ trifft in der Apotheke im Nachbarort Rike, mit der er ein Fahrrad-Wettrennen macht.	☐ sagt Till und Jannek, dass Rike verschwunden ist.	1 geht in den Herbstferien nach Ribberow, um seine Oma Hanne zu besuchen.	☐ geht zu Rike nach Hause und trifft dort Robert Steinmann.
☐ holen den Pflug aus der Scheune und bringen ihn auf die Bühne beim Dorffest.	☐ findet in Hannes Scheune den Rest vom Ackerpflug, mit dem der Tote festgebunden war.	☐ berichtet ihnen, dass es kurz vor Schelks Tod Streit mit Rikes Mutter im Dorfkrug gab.	☐ befragen Schweicke, der aber für den Tatzeitraum ein Alibi hat.
☐ trifft gleich nach der Ankunft seinen früheren Kinderfreund Till.	☐ ruft Jannek während seiner Zugheimfahrt an und erzählt ihm ihre Zukunftspläne.	☐ erzählt Till und Jannek, dass Schelk früher nicht beliebt war.	☐ finden beim Angeln im Weiher ein menschliches Skelett.
☐ bittet die Dorfbewohner, ihr zu bestätigen, dass ihre Mutter keine Mörderin ist.	☐ teilt Jannek mit, dass der Tote ein gewisser Frank Schelk ist.	☐ erzählt den dreien, was damals im Dorfkrug passiert ist und wie Schelk zu Tode kam.	☐ berichtet Till, dass er bei Rike zu Hause war, Till ist verärgert.
☐ gehen ins Schularchiv und in die Bibliothek und finden weitere Hinweise über Schelks Vergangenheit.	☐ erinnert sich jetzt, dass ihre Mutter sich damals beim Hotel beworben hat und danach verstört war.	☐ erzählt Jannek, dass er schon lange in Rike verliebt ist.	☐ erzählt den drei, dass Schelks Hotel damals ein Bordell war.

Tipp: Du kannst auch die tabellarische Kapitelübersicht (i.3) und deine bisherigen Aufzeichnungen zur Hilfe nehmen.

2. Die einzelnen Kapitel haben keine Text-Überschriften. Suche dir fünf Kapitel heraus und finde für sie eine treffende Überschrift.

Tipp: Die **Überschrift** soll den Inhalt des Kapitels gut zusammenfassen und die Leser motivieren, das Kapitel zu lesen.

3. Frank Schelk war eine interessante Person.

a) Teilt euch den Romantext auf. Sucht nach Informationen über Frank Schelk und nach Meinungen der anderen Personen über ihn.

b) Erstellt gemeinsam eine Tabelle, die die Informationen und Meinungen über Frank Schelk stichwortartig darstellt.

Schelks Kindheit und Jugend	Sein Berufsleben	Sein Privatleben

c) Schreibe mit deinen Stichworten einige Sätze über Frank Schelk.

d) Findest du es gerecht, dass Frank Schelk zu Tode gekommen ist? Begründe.

»Ich warte auf dich«

1.

Bringe die Satzteile in die richtige zeitliche Reihenfolge und ergänze das jeweilige Subjekt. Schreibe dann mithilfe der Sätze eine vollständige Inhaltsangabe zum ganzen Roman.

☐ Apotheke, Fahrrad-Wettrennen	☐ Rike verschwunden	1 Herbstferien zu Oma Hanne nach Ribberow	☐ Robert Steinmann, der Künstler
☐ Pflug aus der Scheune auf die Bühne	☐ in Hannes Scheune der Rest vom Ackerpflug	☐ vor Schelks Tod Streit mit Rikes Mutter im Dorfkrug	☐ Schwerickes Befragung und Alibi
☐ Zusammentreffen mit Till	☐ Telefonat während Heimfahrt, Zukunftspläne	☐ Schelk früher nicht beliebt	☐ Angeln mit menschlichem Skelett
☐ Bitte an Dorfbewohner: Mutter keine Mörderin	☐ Toter: Frank Schelk	☐ die Wahrheit über den Tod von Schelk	☐ zu Hause bei Rike, Till verärgert
☐ Schularchiv und Bibliothek: Schelks Vergangenheit	☐ beim Hotel beworben und danach verstört	☐ schon lange in Rike verliebt	☐ Schelks Hotel damals ein Bordell

Tipp

Du kannst auch die tabellarische Kapitelübersicht (i.3) und deine bisherigen Aufzeichnungen zur Hilfe nehmen.

2.

Franziska Gehm baut ab und zu witzige bzw. komische Situationen, Beschreibungen oder Reflexionen ein.

a) Lies zwei Kapitel deiner Wahl aufmerksam durch und markiere am Rand Textstellen, die du als komisch oder witzig empfindest. Textstellen, die du etwas witzig empfindest, bekommen einen kleinen Smiley ☺, Textstellen mit mittlerer Witzigkeit zwei Smileys ☺☺ und besonders witzige Textstellen drei Smileys ☺☺☺.

b) Erstelle eine Top-3-Rangliste derjenigen Textstellen, die für dich am witzigsten sind.

c) Tauscht euch in der Klasse über eure Ranglisten aus.

Tipp

Folgende Textstellen könnten vielleicht in deiner Rangliste auftauchen:
Fahrschein Schrei (S. 5) • Kirschen klauen (S. 9) • verliebt ineinander (S. 13) • fett geworden (S. 16) • Frauen ab vierzig (S. 17) • Schrank mit Damenbart (S. 21) • Außer der Hand? (S. 28) • Shining (S. 46) • vierspurige Autobahn (S. 62) • Kommissar anziehend (S. 67) • Hollywood heulen (S. 81) • Sherlock Holmes (S. 87) • Glotze (S. 90/142) • Elfmeter (S. 96) • High Heels (S. 106) • Varieté (S.108) • Papst-Kondome (S. 113) • Jesäusel (S. 131) • Berufspläne (S. 144) • zahnlose Alte (S. 151) • Atomwaffensperrvertrag (S. 170)

3.

Frank Schelk war eine vielschichtige Persönlichkeit.

a) Teilt euch den Romantext auf und sucht nach Informationen über Frank Schelk und nach Meinungen der anderen Personen über ihn. Erstellt dann gemeinsam eine Tabelle, die die Informationen und Meinungen über Frank Schelk stichwortartig darstellt.

b) Schreibe mit deinen Stichworten einen kurzen Text über Frank Schelk.

c) Findest du es gerecht, dass Frank Schelk zu Tode gekommen ist? Begründe deine Meinung.

»Ich warte auf dich«

1. Frank Schelk, der Tote im Dorfteich, war zu Lebzeiten ein vielschichtiger Charakter.

a) Sammle im Roman Informationen über ihn und Einschätzungen seiner Mitmenschen. Erstelle damit eine Übersicht (Tabelle, Mindmap), die deine Ergebnisse zusammenfasst.

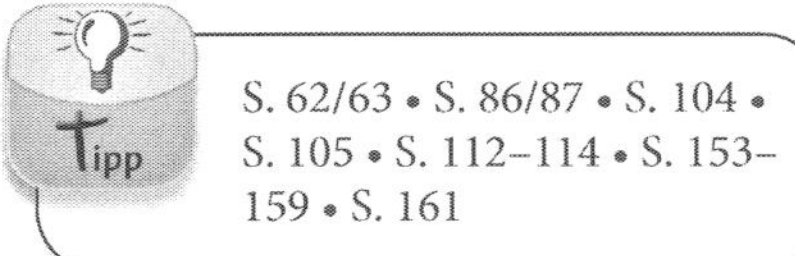

Tipp: S. 62/63 • S. 86/87 • S. 104 • S. 105 • S. 112–114 • S. 153–159 • S. 161

b) Schreibe nun eine Charakteristik über Frank Schelk.

2. Franziska Gehm baut ab und zu witzige bzw. komische Situationen, Beschreibungen oder Reflexionen ein.

a) Lies dir aufmerksam drei Kapitel deiner Wahl durch und markiere am Rand Textstellen, die du als komisch oder witzig empfindest. Textstellen, die du etwas witzig empfindest, bekommen einen kleinen Smiley ☺, Textstellen mit mittlerer Witzigkeit zwei Smileys ☺☺ und besonders witzige Textstellen drei Smileys ☺☺☺.

b) Erstelle eine Top-3-Rangliste derjenigen Textstellen, die für dich am witzigsten sind.

c) Tauscht euch in der Klasse über eure Ranglisten aus.

Tipp: Folgende Textstellen könnten vielleicht in deiner Rangliste auftauchen:
Fahrschein Schrei (S. 5) • Kirschen klauen (S. 9) • verliebt ineinander (S. 13) • fett geworden (S. 16) • Frauen ab vierzig (S. 17) • Schrank mit Damenbart (S. 21) • Außer der Hand? (S. 28) • Shining (S. 46) • vierspurige Autobahn (S. 62) • Kommissar anziehend (S. 67) • Hollywood heulen (S. 81) • Sherlock Holmes (S. 87) • Glotze (S. 90/142) • Elfmeter (S. 96) • High Heels (S. 106) • Varieté (S.108) • Papst-Kondome (S. 113) • Jesäusel (S. 131) • Berufspläne (S. 144) • zahnlose Alte (S. 151) • Atomwaffensperrvertrag (S. 170)

3. In Ribberow ist ein Mord passiert – oder doch nicht? Untersuche den Todesfall von Frank Schelk unter juristischem Blick.

a) Sammle die Fakten zu Schelks Tod, wie sie sich nach dem Geständnis von Dietmar Hempel darstellen.

b) Wer ist schuld am Tod von Frank Schelk? Führt eine Fishbowl-Diskussion.

Methode: Bei einer **Fishbowl-Diskussion** diskutiert eine kleine Gruppe in der Mitte. Mindestens ein Stuhl bleibt frei. Die anderen sitzen außerhalb und beobachten. Wenn man von außen zusätzliche Argumente einbringen möchte, kann man sich in die Mitte auf den freien Stuhl setzen.

4. Stell dir vor, du wärest die Staatsanwältin oder der Staatsanwalt beim Amtsgericht in Sandemünde.

a) Gegen wen würdest du in welcher Sache (Mord, Totschlag, Unfall mit Todesfolge, Nötigung, Bedrohung …) Anklage erheben? Schreibe einen kurzen Text und sprecht in der Klasse darüber.

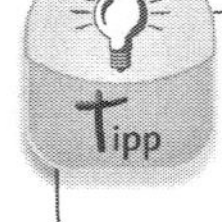

Tipp: Informiert euch über die möglichen Straftatbestände und den Ablauf einer Gerichtsverhandlung in der Fachliteratur oder im Internet.

b) Spielt gemeinsam eine mögliche Gerichtsverhandlung zu diesem Fall.

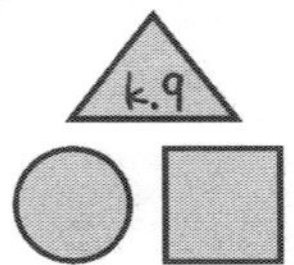

»Was ist damals passiert?«

1. Gestaltet eine Szene des Romans als Comic oder als Fotostory. Geht folgendermaßen vor:

a) Entscheidet euch für eine Szene, in der möglichst auch etwas Action ist.

b) Überlegt, wie viele Bilder ihr braucht. Legt ein »Storyboard« an, also eine Tabelle, in der ihr euch Notizen macht. Hier können schon Ideen für Sprech- oder Gedankenblasen oder auch für die Blocktexte unter dem Bild stehen. Hilfreich ist auch, sich hier zu notieren, zu welchem Textabschnitt die jeweiligen Bilder passen.

Tipp

Noch ein paar Tipps:

- Euer Comic/eureFotostory wird abwechslungsreicher, wenn ihr die »Einstellung« ändert. Die Filmanalyse kennt folgende *Einstellungsgrößen*: Detail (extreme close-up), Großaufnahme (close-up), Nahaufnahme (close shot), Halbnahaufnahme (full shot), Totale (long shot), Weitaufnahme (extreme long shot).
- Es wirkt auch gut, wenn ihr die *Einstellungsperspektive* (camera angle) abwechselt: Untersicht (Froschperspektive), Normalsicht, Aufsicht (Vogelperspektive).
- Überlegt euch genau, wie ihr wichtige Szenen weiter gestaltet, zum Beispiel mit Bausteinen der Comicsprache (z. B. »RUMMMS«, »BELL«, »SCHREI«).
- Oft macht es einen großen Unterschied, ob das Bild im Quer- oder Hochformat steht.

c) Die einzelnen Bilder des Comics zeichnet ihr am besten auf ein DIN-A-5-Blatt. Die Fotos sollten 11 cm × 18 cm oder größer sein. Wenn es am Schluss nötig ist, könnt ihr die einzelnen Bildseiten dann noch verkleinern.

d) Die fertigen Bilder klebt ihr in der richtigen Reihenfolge auf ein Plakat oder fotokopiert sie und macht daraus ein kleines Heft.

2. »Der Tote im Dorfteich« ist oft spannend. Erstelle in deinem Heft oder Lesetagebuch eine Spannungskurve des Buchs.

a) Markiere besondere Höhe- und Tiefpunkte mit Stichwörtern aus dem Text.

b) Vergleicht eure Kurven und sprecht über eure Texteindrücke. Welche Gemeinsamkeiten haben eure Kurven? Welche Unterschiede fallen auf?

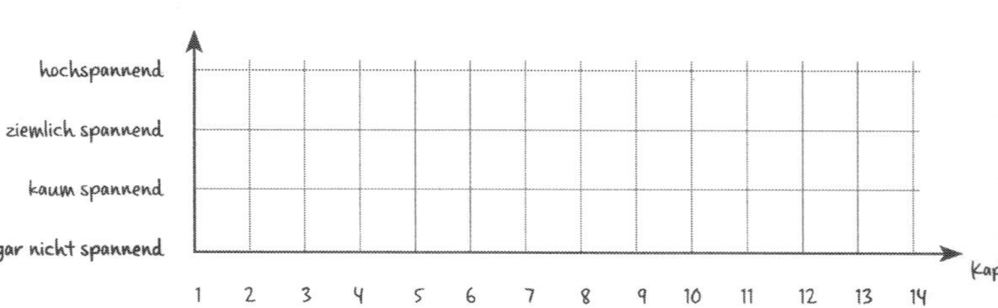

3. Erstellt ein fiktives Interview mit Till, Rike, Jannek, Dietmar Hempel, Robert Steinmann oder Hanne Jensen am Ende des Romans. Du kannst das Interview entweder aufschreiben, mit einer Partnerin/einem Partner spielen oder mit dem Handy aufnehmen.

Tipp

Mögliche Fragen:

- Wie geht es dir im Moment?
- Wie hast du die letzte Woche erlebt?
- Was war dein schönstes und welches dein schlimmstes Erlebnis während der letzten Woche?
- Was denkst du heute über Frank Schelk?
- Was denkst du: Wie wird es in Ribberow in Zukunft weitergehen? Wird sich die Stimmung in der Dorfgemeinschaft verändern?

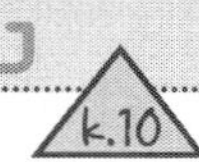

»Ein verdammt gutes Team«

1. In jedem Satz ist ein Fehler versteckt.

a) Streiche in jedem Satz den Fehler durch und schreibe in die rechte Spalte deine Verbesserung. Als Hinweis findest du in Klammern das betreffende Kapitel).

b) Schreibe dann die richtigen Sätze in dein Heft oder deinen Leseordner.

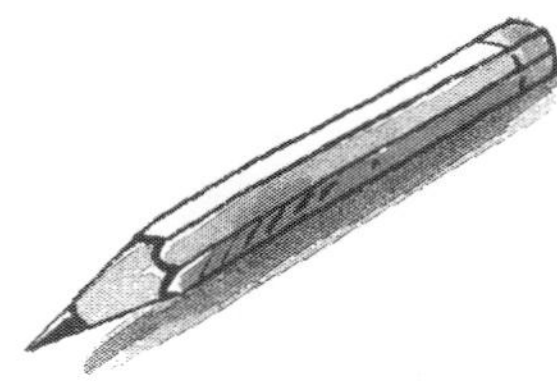

	Satz	Verbesserung
	Die Beerdigung von Janneks Großvater war vor ~~einem Jahr~~. (Kap. 1)	einem halben Jahr
a)	Jannek besucht in den Herbstferien seine Oma Helene. (Kap. 1)	
b)	Jannek hatte bisher schon drei Freundinnen. (Kap. 2)	
c)	Jannek angelt aus dem Weiher eine Gießkanne. (Kap. 2)	
d)	Rike fährt mit Jannek zusammen im Bus von der Apotheke zurück nach Ribberow. (Kap. 3)	
e)	In Tills Scheune findet Jannek den halben Pflug. (Kap. 4)	
f)	Der Tote im Dorfteich heißt Frank Schelk und war 56 Jahre alt, als er starb. (Kap. 5)	
g)	Robert Steinmann baut aus Holz neue Kunstwerke. (Kap. 6)	
h)	Till erzählt zu Hause Jannek, dass er in Rike verliebt ist. (Kap. 7)	
i)	Frank Schelk war vor vielen Jahren Mitglied im Basketball-Team der Schule. (Kap. 8)	
j)	Rikes Mutter hat sich bei Schelks Hotel beworben und hat dort einen Job bekommen. (Kap. 9)	
k)	Herr Steinmann erzählt Jannek, dass Rike weg ist. (Kap. 10)	
l)	Till fragt Hanne, ob sie etwas mit dem Mord zu tun hat. (Kap. 11)	
m)	Rike, Jannek und Till stellen den Pflugteil an den Rand der Bühne. (Kap. 12)	
n)	Am Abend, als Schelk zu Tode kam, war der Dorfkrug leer. (Kap. 13)	
o)	Nun weiß Jannek immer noch nicht, wer sein Vater ist. (Kap. 14)	

2. Schreibe nun drei eigene Sätze zum Buch und baue darin Fehler ein. Deine Mitschülerinnen und Mitschüler müssen die Fehler finden.

	Satz	Verbesserung
a)		
b)		
c)		

»Ein verdammt gutes Team«

1. In jedem Satz ist ein Fehler versteckt.

a) Streiche in jedem Satz den Fehler durch und finde die dazugehörige Textstelle im Buch.

b) Schreibe dann die verbesserten Sätze in dein Heft oder deinen Leseordner.

	Satz	Seite
	Die Beerdigung von Janneks Großvater war vor ~~einem Jahr~~.	S. 6
a)	Jannek besucht in den Herbstferien seine Oma Helene.	
b)	Jannek hatte bisher schon drei Freundinnen.	
c)	Jannek angelt aus dem Weiher eine Gießkanne.	
d)	Rike fährt mit Jannek zusammen im Bus von der Apotheke zurück nach Ribberow.	
e)	In Tills Scheune findet Jannek den halben Pflug.	
f)	Der Tote im Dorfteich heißt Frank Schelk und war 56 Jahre alt, als er starb.	
g)	Till erzählt zu Hause Jannek, dass er in Rike verliebt ist.	
h)	Rikes Mutter hat sich bei Schelks Hotel beworben und hat dort einen Job bekommen.	
i)	Till fragt Hanne, ob sie etwas mit dem Mord zu tun hat.	
j)	Rike, Jannek und Till stellen den Pflugteil an den Rand der Bühne.	
k)	Am Abend, als Schelk zu Tode kam, war der Dorfkrug leer.	
l)	Nun weiß Jannek immer noch nicht, wer sein Vater ist.	

2. Schreibe nun in dein Heft bzw. deinen Leseordner drei eigene Sätze zum Buch und baue darin Fehler ein. Deine Mitschülerinnen und Mitschüler müssen die Fehler finden.

3. Die Beziehung zwischen Jannek und Till bzw. Jannek und Rike verändert sich im Laufe des Romans ständig.

a) Stellt, am besten in Partnerarbeit, die Beziehungskurven zwischen jeweils beiden Personen in Form einer Kurve (mindestens in DIN A4) grafisch dar. Die Querachse ist dabei der Verlauf des Textes, die Hochachse stellt ihr Verhältnis dar. Notiert an wichtigen Stellen der Kurve Stichwörter zu besonderen Ereignissen der Handlung oder kurze Textzitate.

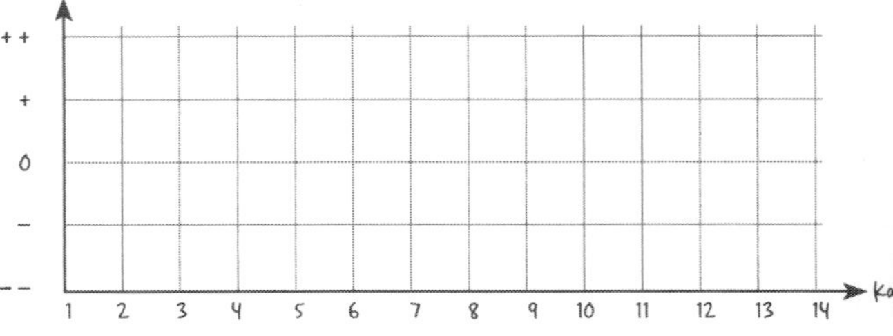

b) Vergleicht die Beziehungskurven in der Klasse. Welche Parallelen gibt es? Welche Unterschiede fallen euch auf? Diskutiert über unterschiedliche Einschätzungen und belegt eure Einschätzungen am Text.

»Ein verdammt gutes Team«

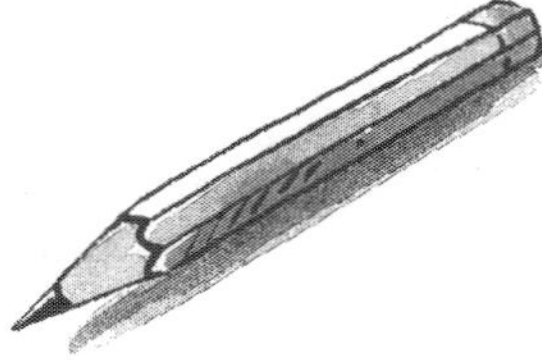

1. In jedem Satz ist ein Fehler versteckt.

a) Streiche in jedem Satz den Fehler durch und finde die dazugehörige Textstelle im Buch.

b) Ordne dann die Sätze den 14 Kapiteln zu. Beachte: Zu einem Kapitel gibt es zwei Sätze. Und ein Satz gehört überhaupt nicht zum Buch. Kennst du das Buch, zu dem der Satz gehört?

c) Schreibe dann die verbesserten Sätze in dein Heft oder deinen Leseordner.

Till erzählt Jannek, während sie in Tills Zimmer sitzen, dass er in Rike schon lange verliebt ist.	S. __	Nach der DNA-Analyse steht fest: Der Tote heißt Frank Schelk und war 56 Jahre alt, als er starb.	S. __
In Tills alter Scheune findet Jannek die andere Hälfte des Pfluges aus dem Dorfteich.	S. __	Rikes Mutter hat sich bei Schelks Hotel beworben und dort einen Job bekommen.	S. __
Rike, Jannek und Till stellen den Pflugteil an den Rand der Bühne.	S. __	Als Till ihn danach fragt, antwortet Jannek ihm, dass er schon drei Freundinnen hatte.	S. __
Nachdem Jannek etwas in der Apotheke gekauft hat, fährt er mit Rike im Bus zurück nach Ribberow.	S. __	Am Abend, als Schelk zu Tode kam, war der Dorfkrug gähnend leer.	S. __
Jannek und Till finden heraus, dass Schelk vor vielen Jahren Mitglied im Basketballteam der Schule war.	S. __	Robert Steinmann, den das Dorf »Waldeinstein« nennt, baut aus Holz neue Kunstwerke.	S. __
In den Herbstferien besucht Jannek seine Oma Helene, die in Ribberow wohnt.	S. __	Robinson nennt den überlebenden Gefangenen nach dem Wochentag: Freitag.	S. __
Robert Steinmann erzählt Jannek aufgeregt, dass Rike verschwunden ist.	S. __	Jannek angelt aus dem Dorfteich zu seinem Entsetzen eine alte, rostige Gießkanne.	S. __
Als Jannek sich intensiv im Spiegel betrachtet, weiß er noch nicht, wer sein Vater ist.	S. __	Till fragt Hanne, ob sie etwas mit dem Mord zu tun hat.	S. __

2. Schreibe nun in dein Heft bzw. in deinen Leseordner zehn eigene Sätze zum Buch und baue darin Fehler ein. Deine Mitschülerinnen und Mitschüler müssen die Fehler finden.

3. Die Beziehung zwischen Jannek und Till bzw. Jannek und Rike verändert sich im Laufe des Romans ständig.

a) Stellt, am besten in Partnerarbeit, die Beziehungskurven zwischen jeweils beiden Personen in Form einer Kurve (mindestens in DIN A4) grafisch dar. Die Querachse ist dabei der Verlauf des Textes, die Hochachse stellt ihr Verhältnis dar. Notiert an wichtigen Stellen der Kurve Stichwörter zu besonderen Ereignissen der Handlung oder kurze Textzitate.

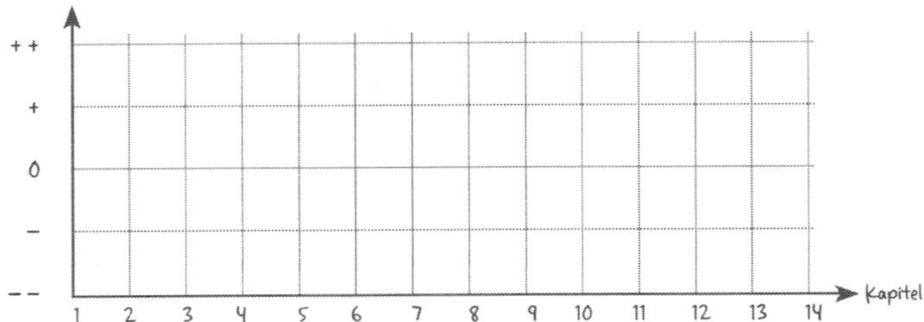

b) Vergleicht die Beziehungskurven in der Klasse. Welche Parallelen gibt es? Welche Unterschiede fallen euch auf? Diskutiert über unterschiedliche Einschätzungen und belegt eure Einschätzungen am Text.

K.11

»Wie ein gefährliches Tier« (1)

Franziska Gehm benutzt in ihrem Roman zahlreiche Sprachbilder.

Ein Sprachbild überträgt eine Bedeutung von einem Aspekt außerhalb des Textes auf einen Aspekt innerhalb des Textes.

Im Roman gibt es viele Sprachbilder, die meisten sind Vergleiche und Metaphern.

Vergleiche erkennt ihr an den Vergleichswörtern »wie« oder »als«. – Beispiel: Rike musterte ihn *wie* ein Raubvogel. (S. 41)

Sprachbilder, bei denen diese Wörter »wie« bzw. »als« fehlen, nennt man *Metaphern* (von griech. *metaphora* = Übertragung). – Beispiel: Sie nahm ihm die Stimme. (S. 51)

Sprachbilder verstärken die Wirkung des Textes. Sie sorgen dafür, dass sich die Leserinnen und Leser das, was im Text beschrieben ist, noch besser vorstellen können. Der Text wird durch Sprachbilder also lebendiger und anschaulicher.

1. Finde die betreffende Textstelle und vervollständige die Vergleiche.

a) Sie sahen die leblose Hand an ______________________

b) Bei dem ist der Dreck am Stecken so hoch ______________________

c) Dort befand sich nur Knubs auf seinem Stammplatz, ______________________

d) Der Pastor hat bei der Grabrede gesagt, sie wäre ______________________

____

e) Die anderen [...] bahnten sich vorsichtig einen Weg durch das Gerümpel, ______________________

____

f) Jannek hatte das Gefühl, dass sich auf dem Festplatz eine Atmosphäre ______________________

____

2. Suche nun drei Vergleiche aus Aufgabe 1 heraus und schreibe dazu je einen eigenen Vergleich in dein Heft oder deinen Leseordner.

Beispiel: Die Luft über dem Festplatz schien stillzustehen, *als wäre das ganze Dorf einbetoniert.* (S. 151)

Lest eure eigenen Vergleiche in der Klasse vor und bittet eure Mitschülerinnen und Mitschüler um eine Rückmeldung. Findet ihr eure Vergleiche besser als die von Franziska Gehm? Begründet.

3. Finde noch mindestens fünf weitere Vergleiche im Roman und schreibe sie in deinen Leseordner oder in dein Heft. Schreibe auch die betreffende Seitenzahl dazu.

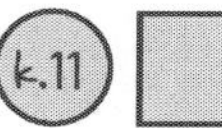

»Wie ein gefährliches Tier« (2)

Sprachbilder, die kein »wie« oder »als« haben, nennt man Metaphern.
Ordne der Metapher die passende Bedeutung zu und finde die richtige Seitenzahl.
Schreibe dann Zitat, Bedeutung und Seite zusammen in dein Heft oder deinen Leseordner.

Zitate	*Tills Wangen wurden sofort kirschrot.*	*Seine kleinen Augen funkelten im Garagenlicht.*	*Und bei so was wird Dietmar zum spanischen Kampfstier.*
	Ich bin ja nicht so der ängstliche Typ, aber ich bekomme gerade eine Gänsehaut.	*Ihr Körper war eiskalt und als ich sie ansprach, reagierte sie nicht.*	*Wir machen morgen eine Exkursion in Schelks Vergangenheit.*
Bedeutungen	Er ist so voller Angst, dass sogar seine Haut reagiert.	Er versucht, mit seinen Blicken sein Gegenüber einzuschüchtern.	Ihm ist das, was Jannek vorschlägt, sehr peinlich.
	Sie ist erstarrt und kann keinen Kontakt zu ihren Mitmenschen aufnehmen.	Die Erkundung wird dazu führen, dass die beiden mehr über das Opfer erfahren.	Er ist so eifersüchtig, dass er einen Nebenbuhler über den Haufen rennen würde.

S. 64
S. 89
S. 124
S. 128
S. 139
S. 143

Als Jannek kurz überlegt, die Hand, die er an der Angel hat, im Weiher liegen zu lassen, steigt auf der Wasseroberfläche eine Blase auf.

a) Finde die Textstelle im Roman.

b) Könnte man diese Luftblase auch als sprachliches Bild (Symbol) verstehen? Was könnte sie übertragen bedeuten? In welcher Beziehung könnte dies mit den folgenden Geschehnissen stehen? Sprecht darüber in der Klasse. Schreibe auf, welche übertragene Bedeutung es aus deiner Perspektive hat.

Info

Ein **Symbol** ist ein sprachliches Bild. Die griechische Bedeutung (*symballein* = zusammenwerfen, zusammenfügen) zeigt, dass ein Textelement (z. B. ein Gegenstand, eine Figur, ein Geschehen, ein Schauplatz) nicht nur eine wörtliche Bedeutung, sondern auch noch eine übertragene Bedeutung haben kann. Im Unterschied zum Vergleich oder zur Metapher scheint bei einem Symbol ein allgemeiner Sinn durch und es verweist auf höhere geistige Zusammenhänge. Manchmal sind Symbole quasi kulturell verabredete sprachliche Zeichen, wie z. B. die Taube (Symbol für Frieden), das Kreuz (Symbol für den Tod) oder der Lorbeerkranz (Symbol für den Sieg).

6. Lies die folgenden symbolhaften Elemente und finde sie im Buch. Sprecht in der Gruppe oder Klasse darüber, welche übertragene Bedeutung sie jeweils haben könnten. Schreibe dann für dich eine Erklärung der Textstelle in dein Heft oder deinen Leseordner.

Der Motor heulte auf und drei Sekunden später saß Jannek in einer Staubwolke, die Tills durchdrehende Autoreifen hinterlassen hatten.	Bis auf eine schwarze Katze, die geräuschlos über das Kopfsteinpflaster lief, war niemand zu sehen.
Am blauen Himmel trieb eine einzelne, zerzauste Wolke.	Die Plastiktischdecke war blutverschmiert.
Die Dämmerung tauchte die Bäume um den Weiher in kaltes Graublau […].	Dort hinten rechts vorm Traktor steht es, unter der schwarzen Plane.
Die Nymphe blickte zur anderen Hügelseite. Sie hatte Ribberow den Rücken zugewandt.	Er knipste die kleine Stehlampe an und nahm sein Buch über das Leben in der Tiefsee.

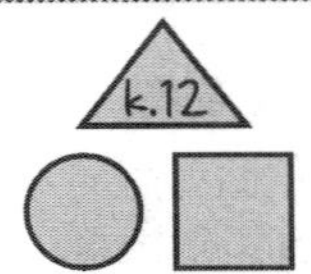

Feedback-Bogen zum Roman

Du kennst den Jugendkrimi »Der Tote im Dorfteich« nun sehr genau. Jetzt sollst du deine Meinung zum Roman darstellen.

1. Welche Figur aus dem Roman fandest du sympathisch? Welche nicht so?

a) Trage Zahlen ein. Die *1* bekommt die Figur, die du am sympathischsten fandest und so weiter. Die *12* bekommt dann die Figur, die du am unsympathischsten findest.

☐ Rike Steinmann ☐ Till Hempel ☐ Schwericke ☐ Jannek Jensen
☐ Hanne Jensen ☐ Heinz Jensen ☐ Frank Schelk ☐ Marianne Hempel
☐ Dietmar Hempel ☐ Robert Steinmann ☐ Helena Steinmann

b) Sprecht in der Klasse bzw. Gruppe über eure Bewertungen und begründet eure Meinung.

2. Welche Szene fandest du besonders spannend? Als ______________________

____

3. Gibt es etwas, was dir am Buch nicht so gut gefallen hat? ______________________

____

4. Jetzt ist dein Urteil gefragt! Kreuze an.

	stimmt total	stimmt	geht so	stimmt nicht
a) Die Story des Romans fand ich interessant.	○	○	○	○
b) An Tills Stelle hätte ich stärker um Rike geworben.	○	○	○	○
c) Die Dorfbewohner waren eiskalt und haben Schelk auf dem Gewissen.	○	○	○	○
d) Einige Stellen fand ich unrealistisch.	○	○	○	○
e) Ich habe schon früh geahnt, dass Schelk Janneks Vater sein kann.	○	○	○	○
f) Ich finde es gut, dass am Ende Dietmar Hempel die Wahrheit erzählt.	○	○	○	○

5. Wie fandest du das Buch insgesamt?

☐ sehr gut ☐ gut ☐ geht so ☐ nicht so gut ☐ schlecht

Begründe deine Antwort: ______________________

____